Les secrets d’Option Canada

De Normand Lester chez le même éditeur

Mom, (en collaboration avec Guy Ouellette), essai, 2005.
Le Livre noir du Canada anglais 1,
nouvelle édition revue et augmentée, essai, 2004.
Le Livre noir du Canada anglais 3, essai, 2003.
Le Livre noir du Canada anglais 2, essai, 2002.
Le Livre noir du Canada anglais, essai, 2001.
Alerte dans l'espace (en collaboration avec Michèle Bisaillon), roman jeunesse, 2000.

De Normand Lester chez d'autres éditeurs

Chimère (en collaboration avec Corinne De Vailly), roman, Montréal, Libre Expression, 2002.
Prisonnier à Bangkok (en collaboration avec Alain Olivier), récit, Montréal, Les Éditions de l'Homme, 2001.
Enquêtes sur les services secrets, essai, Montréal, Les Éditions de l'Homme, 1998.
L'affaire Gérald Bull. Les canons de l'apocalypse, essai, Montréal, Les Éditions du Méridien, 1991.

De Robin Philpot chez le même éditeur

Le référendum volé, Montréal, 2005.
Ça ne s'est pas passé comme ça à Kigali, Montréal, 2003.

De Robin Philpot chez un autre éditeur

Oka. Dernier alibi du Canada anglais, Montréal, VLB éditeur, 1991 (nouvelle édition avec postface « Dix ans après », 2000).

LES SECRETS D'OPTION CANADA

LES INTOUCHABLES

Les Éditions des Intouchables bénéficient du soutien financier de la SODEC, du Programme de crédits d'impôt du gouvernement du Québec et sont inscrites au Programme de subvention globale du Conseil des Arts du Canada.

Nous reconnaissons l'aide financière du gouvernement du Canada par l'entremise du Programme d'aide au développement de l'industrie de l'édition (PADIÉ) pour nos activités d'édition.

LES ÉDITIONS DES INTOUCHABLES
2316, avenue du Mont-Royal Est
Montréal, Québec
H2H 1K8
Téléphone : (514) 526-0770
Télécopieur : (514) 529-7780
www.lesintouchables.com

DISTRIBUTION : PROLOGUE
1650, boulevard Lionel-Bertrand
Boisbriand, Québec
J7H 1N7
Téléphone : (450) 434-0306
Télécopieur : (450) 434-2627

Impression : Transcontinental
Infographie et conception de la couverture : Benoît Desroches
Révision : Corinne Danheux

Dépôt légal : 2006
Bibliothèque nationale du Québec
Bibliothèque nationale du Canada

ISBN 2-89549-223-9

À Raymond Lévesque
qui est de cette race de pionniers
qui ne sont pas faits pour être oubliés !

Remerciements

Nous tenons à remercier l'éditeur des Intouchables, Michel Brûlé, ainsi que son équipe composée d'Ingrid Remazeilles, de Benoît Desroches, d'Élyse-Andrée Héroux et de Corinne Danheux. Comme toujours, leur professionnalisme et leur dévouement ont été remarquables.

Introduction

Le vol d'un référendum n'est pas un péché mignon

Rien ne m'étonne autant que la faiblesse
de la mémoire de l'Homme quand il s'agit d'événements politiques.
ALBERT EINSTEIN

Quand un peuple décide de son avenir politique dans un scrutin au suffrage universel, ce n'est pas une affaire banale. D'autres décisions soumises au vote populaire, telles la fluoration de l'eau, la défusion d'une petite municipalité ou encore la pléthore de sujets tranchés par référendum en Californie, peuvent parfois être prises à la légère simplement parce qu'elles portent peu à conséquence au quotidien. En revanche, la décision quant à l'avenir politique d'un peuple n'est jamais banale car elle influe de multiples façons sur toutes les autres décisions à prendre : la décision n'est jamais banale parce qu'elle englobe l'ensemble de l'activité sociale, économique, culturelle et politique du peuple concerné. Par ailleurs, les législateurs québécois ont tenu pleinement compte de la vaste portée d'une telle décision lorsqu'ils ont inclus dans la *Loi sur la consultation populaire* un article interdisant la tenue de plus d'un référendum sur le même objet au cours d'une même législature.

Pour bien saisir la portée à long terme de décisions prises par des peuples sur leur propre statut politique, il suffit de regarder les cas de Terre-Neuve et de l'Islande. Dans *Le référendum volé*, nous avons démontré que, lors d'un référendum volé en 1948, Terre-Neuve a été annexée au Canada, ce qui l'a fait passer officiellement du statut de pays indépendant à celui de province canadienne. Aussi, quatre ans plus tôt, en 1944, l'Islande a choisi par référendum la voie de l'indépendance pour ainsi se soustraire à la domination du Danemark. Sans s'attarder sur l'étude de ces deux pays, nous nous permettons quelques citations qui illustrent le mieux la vaste portée d'une décision prise par un peuple sur son propre avenir politique[1].

« Dans les années 1930, l'Islande était plus pauvre que Terre-Neuve. Maintenant, ce pays présente un produit intérieur brut légèrement supérieur à celui du Canada, tandis que celui de Terre-Neuve est de 30 % inférieur à celui du Canada. Côté démographie, la population de Terre-Neuve a plafonné en 1993 à 580 000 personnes, et elle baisse chaque année depuis. Selon les prévisions, elle en comptera bientôt moins de 500 000. En revanche, la population islandaise continue de croître et dépassera bientôt les 300 000 habitants. » D'un côté, c'est la dépendance, le bien-être social, la déchéance économique et l'exil, tandis que de l'autre, c'est l'indépendance, la prise en main économique, la prospérité et la dignité. Voici donc le coût à long terme de la dépendance politique par opposition au potentiel de l'indépendance politique.

Et de renchérir un dirigeant politique islandais sur la comparaison entre Terre-Neuve et l'Islande : « Les Terre-Neuviens auraient peut-être agi différemment s'ils avaient été responsables de leur destin ; l'indépendance a vraiment modifié le caractère national des Islandais. Lorsque la liberté est arrivée, les Islandais ont pris de la force : cette force formidable de gérer nous-mêmes nos ressources. »

Si la décision d'un peuple quant à son avenir politique n'est pas une affaire banale, l'imposition d'un choix au moyen d'ingérence financière et de magouilles par un autre État et ses ramifications l'est encore moins. Il n'est pas surprenant donc de noter que les grandes chartes internationales des droits de la personne protègent, dès les premiers articles, le droit des peuples de déterminer librement leur statut politique sans ingérence externe. Cette idée est également la pierre angulaire de la *Loi québécoise sur la consultation populaire*, qui, rappelons-le, est aussi une loi canadienne. Au sujet des droits du peuple québécois, René Lévesque a déclaré le 11 juin 1980 :

1. Robin Philpot, *Le référendum volé*, Montréal, Les Intouchables, 2005, p. 38-39.

« Ce droit de contrôler soi-même son destin national est le droit le plus fondamental que possède la collectivité québécoise. » Robert Bourassa s'en est fait l'écho le 22 juin 1990 lorsqu'il a déclaré : « [...] le Québec est aujourd'hui et pour toujours une société distincte, libre et capable d'assumer son destin et son développement. »

Ces déclarations solennelles d'anciens premiers ministres du Québec sont vouées à devenir les paroles en l'air de rêveurs invétérés, si tout n'est pas mis en branle rapidement pour savoir ce qui s'est vraiment passé lors du référendum de 1995. À Terre-Neuve, pour des raisons diverses, dont la propagande procanadienne massive, la vérité n'a commencé à faire surface que 20, 30 et même 50 ans après son annexion au Canada. Traiter l'ingérence financière illégale et illégitime, le mépris du droit, les infractions à la loi et les magouilles comme des péchés mignons équivaut à les cautionner et à en inviter les auteurs à récidiver.

L'ancien directeur général des élections, Pierre-F. Côté, a résumé le problème constaté au Québec en 1995 : « J'arrive à la conclusion que nous sommes dans un État de demi-droit au Canada, parce que nous n'avons pas la capacité de faire observer notre législation référendaire qui, soit dit en passant, a été dûment adoptée, qui est correctement adoptée, et qui a une existence légale que personne ne peut attaquer. » Et il poursuit : « Quelle sorte de violence peut-on utiliser contre l'émancipation d'un peuple ? De quelle sorte de violence peut-on user face au désir d'émancipation d'un peuple ? Les forces armées, le trucage, le vol, les dépenses électorales ? L'un des éléments fondamentaux d'une démocratie, c'est la liberté. Alors jusqu'où va-t-on aller pour bafouer la liberté des individus et d'un peuple finalement ? »

Depuis octobre 1995, comme d'autres, nous avons voulu savoir comment les tenants du NON au référendum de 1995 avaient utilisé le montant de 5,2 M $[2] que le ministère du Patrimoine canadien avait injecté dans la campagne référendaire québécoise par le biais d'Option Canada. Un mur de silence entourait cette organisation mystérieuse créée quelques semaines avant le début de la campagne référendaire.

---

2. Le chiffre le plus connu est de 4,8 M $, mais les documents comptables d'Option Canada révèlent que le chiffre exact est de 5 259 380,41 $. Voir le chapitre 1.

L'Omerta semblait être la règle de conduite de ceux qui savaient quelque chose.

Au sujet d'Option Canada, le directeur général des élections a déclaré: «Les 4,8 M$ versés par Patrimoine Canada, on a fait des enquêtes là-dessus. On n'a jamais été capable de savoir où est allé l'argent. Il y avait un bureau à Montréal quelque part. Ils n'ont jamais voulu répondre à nos questions. On est à peu près certain que les 4,8 M$ ont servi à l'organisation de la marche pour l'unité, le *love-in.*»

Les auteurs de cet ouvrage ont enquêté sur Option Canada et sur bien d'autres magouilles financières dans le cadre des recherches pour *Le Livre noir du Canada anglais 2*[3] et pour *Le référendum volé,* mais ils ont constamment heurté un mur dès qu'il a été question de l'argent, et surtout de l'argent d'Option Canada. Il n'y avait aucun doute que l'État canadien, le Parti libéral du Canada, de grandes entreprises canadiennes, des organisations bidon et des individus avaient dépensé bien plus d'argent qu'il n'était permis, violant ainsi la loi québécoise et le droit des nations à disposer d'elles-mêmes. Le Comité du NON, dûment constitué par l'Assemblée nationale et dirigé par Daniel Johnson, chef du Parti libéral du Québec, était parfaitement au courant de ces violations, nous en avions la ferme conviction. Il a pourtant réussi à les dissimuler dans le rapport comptable remis, conformément à la loi, au directeur général des élections après le référendum.

À ce sujet, Pierre-F. Côté nous a déclaré: «C'était remarquable. Le Comité du NON a bien joué le jeu. [...] Moi, je n'avais aucune prise sur Daniel Johnson. La seule dépense qui était rapportée, c'était la location des micros, des haut-parleurs et de la scène. Mais en ce qui concerne les dépenses elles-mêmes, ils ont été très prudents. Ils ont très bien protégé leurs alliés. [...] On n'a pas entendu beaucoup de protestations de leur part[4].»

Même si nous pouvions affirmer sans hésitation aucune que le OUI l'aurait emporté si la campagne référendaire de 1995 s'était déroulée dans le respect de la législation québécoise et du droit des nations à disposer librement d'elles-mêmes,

3. Normand Lester, *Le Livre noir du Canada anglais 2*, Montréal, Les Intouchables, 2002, p. 167.

4. Robin Philpot, *op. cit.* p. 121.

nous n'avions pas les pièces à conviction qui, devant les tribunaux, auraient permis d'obtenir des condamnations et de prouver que les dirigeants du Comité du NON étaient impliqués. Bien sûr, les preuves circonstancielles étaient nombreuses et des gens au pouvoir se sont vantés d'avoir violé la loi québécoise pendant la campagne référendaire — « au diable les conséquences » — notamment dans l'organisation du mal nommé *love-in* du 27 octobre 1995, mais les preuves nous manquaient.

Mais là, dans une boîte remplie de documents comptables d'Option Canada, laissée près d'un bac à déchets par une âme charitable, nous avons trouvé ce qui permet d'abattre le mur de l'argent et de découvrir le pot aux roses : les factures, les chèques, les noms, les violations de la loi et, pire, la volonté de le faire, et ainsi de suite. Les pièces à conviction, elles sont là et nous tenons à les partager avec la population québécoise avant de les remettre à la vérificatrice générale du Canada, si elle veut bien les recevoir. Aussi, pour faciliter la compréhension, tout au long de ce livre, des documents comptables, regroupés par chapitre, viennent étayer nos propos tandis que d'autres documents sont présentés en annexe.

On y décèle le germe du scandale des commandites : détournement de fonds publics à des fins partisanes, entorses, malhonnêteté et mépris de la démocratie. Tout ce qui a tant dégoûté les Québécois pendant la Comission Gomery.

CHAPITRE 1

Option Canada, la mystérieuse

Quant aux médias français, ils ne font pas de journalisme d'enquête à Ottawa.
JEAN CHARTIER[5]

Le 7 septembre 1995, s'est incorporée à Montréal la mystérieuse Option Canada, suite à la demande de Michel Vennat et de Michel G. Hudon, avocats, de Jocelyn Beaudoin et de René Lemaire, dirigeants de sociétés. Les membres de la direction, selon les documents de la Banque royale du Canada avec qui Option Canada faisait affaire, étaient Claude Dauphin, président, Michel G. Hudon, secrétaire trésorier, et René Lemaire, directeur général. Selon la demande de constitution de la corporation, «Les objets pour lesquels la constitution en corporation est demandée sont les suivants:

1. Promouvoir et faire avancer l'unité canadienne par tous les moyens légaux, politiques ou autres;
2. Promouvoir ou procéder directement à toute étude, tout sondage ou toute autre activité se rapportant à la politique canadienne ou provinciale;
3. Défendre et promouvoir l'intérêt des membres;

5. Jean Chartier. *La taupe. Chronique d'un référendum. Acte 1: Les Américains à Québec*, Les éditions L'instant même, 4e trimestre 2005. Dans ce roman, l'ancien journaliste Jean Chartier démontre brillamment comment les médias anglais enquêtent sur chaque cent dépensé par Québec, mais les médias français ne font jamais d'enquête à Ottawa.

4. Recevoir des dons, legs et autres contributions de même nature en argent, en valeurs mobilières ou immobilières, administrer de tels dons, legs et contributions; organiser des campagnes de souscription dans le but de recueillir des fonds pour les fins susmentionnés; et

5. Exercer toutes les activités connexes dans ce domaine[6]. »

Les lettres patentes précisent que « Le siège social sera situé sur le territoire de la Communauté urbaine de Montréal, province de Québec », ce qui signifie qu'Option Canada est pleinement assujettie à la *Loi sur la consultation populaire* du Québec qui régira la campagne référendaire annoncée. Nous sommes, rappelons-le, à quatre jours de l'annonce par le premier ministre du Québec, M. Jacques Parizeau, de la date du référendum prévu le 30 octobre 1995, à 23 jours du début de la campagne référendaire officielle et à 53 jours du scrutin.

Entre le moment de sa fondation, le 7 septembre 1995, et quelques semaines après le référendum du 30 octobre 1995, Option Canada recevra du ministère du Patrimoine canadien 5,2 M$ sous forme de subventions pour la promotion de la dualité linguistique du Canada. Elle dépensera une grande part de ce montant illégalement pendant la campagne référendaire alors que le montant maximum permis par la loi, au camp du NON comme au camp du OUI, est de 5 M$. Ces largesses du ministre du Patrimoine canadien viendront garnir les coffres d'Option Canada en trois versements, soit de 2 000 000 $ le 3 octobre 1995, 1 000 000 $ le 25 octobre 1995 et 1 810 000 $ le 20 décembre 1995, pour régler tous les comptes en souffrance.

Avant de pouvoir bénéficier de ces largesses ministérielles, toutefois, l'organisme clandestin Option Canada devait êre en mesure de fonctionner à plein régime avant et pendant la campagne référendaire. Il pouvait compter sur la collaboration et sur le financement, au moyen d'un contrat de transit de fonds, du Conseil pour l'unité canadienne. Ce dernier est à l'origine de la mystérieuse et avait un droit de regard sur toutes ses opérations bancaires. Dès le 12 septembre, dans une lettre à la directrice des comptes de la Banque royale du Canada, Option Canada autorise

6. Lettres patentes d'Option Canada, enregistrées le 11 septembre 1995.

la banque « à divulguer au Conseil pour l'unité canadienne les soldes de tous nos comptes et les informations qui se rapportent aux opérations connexes. L'accès à ces données permettra à la société susnommée [Le Conseil pour l'unité canadienne] de prendre chaque jour des décisions relativement à la gestion de trésorerie de l'ensemble du groupe ».

De septembre à décembre 1995, aucun quotidien au Canada ne fait mention d'Option Canada, même si l'organisation a dépensé 5,2 M$. On la mentionne pour la toute première fois dans *The Gazette* en mars 1997. Si Option Canada est mystérieuse, le Conseil pour l'unité canadienne l'est beaucoup moins. Une recherche effectuée dans les bases de données des quotidiens pour la même période révèle une cinquantaine de mentions du Conseil pour l'unité canadienne, dont beaucoup de dénonciations de la part de dirigeants de la

Public Works and Government Services Canada — Travaux publics et Services gouvernementaux Canada — 2602- 0083439

BATCH/LOT-2207 DAO/BCM-0300 3 OCT/OCT 1995 Stub No. - Talon N° 124

CANADIAN HERITAGE * PATRIMOINE CANADIEN

Particulars - Détails	Amount - Montant
GRANT PAYMENT	2000000.00
CHEQUE AMOUNT/MONTANT DU CHEQUE	2000000.00

SEE REVERSE — AU VERSO

Public Works and Government Services Canada — Travaux publics et Services gouvernementaux Canada — 02810753 2201-2810753

BATCH/LOT-2249 DAO/BCM-0300 20-DEC/DEC -1995 Stub No. - Talon N° 124

CANADIAN HERITAGE * PATRIMOINE CANADIEN

Particulars - Détails	Amount - Montant
3RD PAYMENT OF A GRANT	1810000.00
BATCH/LOT-2249(2249) REQ-W3495 TOTAL	1810000.00

SEE REVERSE — AU VERSO

Talons de chèque du Patrimoine canadien

campagne du OUI en raison de son implication illégitime et illégale dans la campagne référendaire.

Car le Conseil pour l'unité canadienne a été fondé par le gouvernement du Canada en 1964 avec comme mission première de contrecarrer le mouvement indépendantiste québécois. Le Conseil est financé presque entièrement par le Conseil privé de la Reine pour le Canada. De plus, il se targue sur son site Internet d'être « un organisme de bienfaisance à mission éducative (numéro d'enregistrement 888538840RR0001). Les contributions qu'il reçoit sont déductibles de l'impôt sur le revenu des personnes et des sociétés ». Aussi, sa *Déclaration de renseignements des organismes de charité* remise en juin 1995, peu avant la création de sa mystérieuse excroissance Option Canada, ne laisse aucun doute : « Le Conseil pour l'unité canadienne est un organisme sans but lucratif et **non partisan**... » Organisme de bienfaisance non partisan très visible, bénéficiant des avantages fiscaux d'un organisme de charité et financé presque entièrement par les contribuables, y compris ceux et celles qui allaient voter OUI : telle n'est pas exactement la description que l'on devrait faire d'un groupe qui s'apprête à injecter massivement de l'argent dans des opérations on ne peut plus partisanes de la campagne référendaire de 1995.

Au moment où le Conseil pour l'unité canadienne a décidé de créer Option Canada, parmi ses officiers figuraient notamment Michel Vennat, président du conseil d'administration, Peter G. White, président, et Michel Robert, secrétaire. Ces officiers sont loin d'être des inconnus. Plus tard, Michel Vennat[7], comme président de la Banque de développement du Canada, a participé au transfert d'argent des commandites, sans contrat écrit, à l'entreprise appartenant à Robert-Guy Scully, L'Information essentielle, en vue de produire la série de propagande télévisée *Le Canada du millénaire*. Peter G. White était l'ancien bras droit de Lord Conrad Black de Hollinger, avant que celui-ci ne connaisse les déboires que l'on sait. Et Michel Robert, nommé juge en chef du Québec par Jean Chrétien, s'est fait joliment remarquer au printemps 2005 en déclarant qu'un souverainiste « ne devrait pas exercer des fonctions judiciaires », ces fonctions devant être réservées aux seules personnes qui adhèrent « au système fédéral canadien ».

La mystérieuse compagnie est donc lancée le 7 septembre 1995 par une ramification du Conseil privé de la Reine pour le Canada, soit le Conseil pour l'unité canadienne, qui en assurera la solvabilité tout au long de la campagne référendaire en attendant que le ministre du Patrimoine canadien fournisse ses grasses subventions. Claude Dauphin s'est recyclé en politique municipale où, depuis novembre 2005, il est vice-président du Comité exécutif de la Ville de Montréal, maire de Lachine et responsable de la Sécurité publique. Le 20 décembre 1995, pour accompagner le chèque de 1,8 M$ servant à boucler l'opération, Michel Dupuy enverra une gentille lettre au président d'Option Canada, M. Claude Dauphin :

---

7. Michel Vennat, ami intime de Jean Chrétien, était jusqu'à son congédiement en 2004, le président de la Banque de développement du Canada. Avocat libéral « pur et dur », fanatiquement fédéraliste, cet individu tenta de détruire la carrière et la réputation de François Beaudoin, son prédécesseur à la banque, parce qu'il avait refusé un prêt à un ami de Chrétien, le magouilleur Yvon Duhaime, propriétaire de l'Auberge Grand-mère de Shawinigan. En avril 1996, Chrétien fit pression sans succès sur la BDC pour qu'elle accorde un prêt de 2 M$ à son copain Duhaime pour son auberge. En 1997, la Banque lui accorda un prêt de 615 000 $. En 1999, même s'il ne remboursait plus le premier prêt, Duhaime demanda d'autre argent à la Banque. Malgré de nouvelles pressions de Chrétien, François Beaudoin refusa. Chrétien décida de régler son cas en nommant Vennat et un autre de ses sbires, Jean Carle, au conseil d'administration de la BDC. Beaudoin fut rapidement remplacé par Vennat. La hargne des libéraux fédéraux était telle qu'on refusa à François Beaudoin une indemnité de départ et sa pension. Lorsqu'en novembre 2000, François Beaudoin engagea des procédures judiciaires pour renvoi injustifié, Vennat et Carle l'accusèrent d'avoir fraudé la BDC. Vennat téléphona personnellement au commissaire de la GRC, Giuliano Zaccardelli, pour dénoncer faussement M. Beaudoin. En février 2004, le juge André Denis de la Cour supérieure du Québec exonéra M. Beaudoin et dénonça dans les termes les plus durs Vennat et Carle. Le juge Denis écrit au sujet de l'affirmation de M. Beaudoin d'être victime d'une vendetta politique de la part des libéraux fédéraux : « la férocité voire la méchanceté avec laquelle il a été traité dans toute cette affaire lui permettent certainement de penser comme il le fait ». Le juge écrit que les plaintes de Vennat contre M. Beaudoin étaient « dénuées de tout fondement » et visaient seulement à lui nuire. « On aurait voulu le briser et ruiner sa carrière que l'on n'aurait pas agi autrement [...] Toute cette affaire laisse une profonde impression d'injustice. » Vennat fut chassé de la BDC par Paul Martin dans une tentative de ce dernier de bien paraître. Il poursuit actuellement le gouvernement du Canada pour 4,6 M$. Michel Vennat incarne parfaitement le type d'odieux personnage qui grouille dans les instances du Parti libéral du Canada et dans l'industrie du fédéralisme « dollarisé ».

« J'ai le plaisir de vous informer qu'une subvention supplémentaire de 1 810 000 $ a été approuvée pour permettre la réalisation de votre projet intitulé : " Option Canada". Vous trouverez sous pli un chèque correspondant à ce montant.

J'ose croire que cette subvention additionnelle vous permettra de mener à bien toutes vos activités et d'atteindre vos objectifs du Programme d'appui à la dualité linguistique.

Pour nous permettre d'évaluer l'efficacité de l'aide que nous apportons aux organismes tels que le vôtre, nous vous demandons de nous soumettre un rapport sur les activités réalisées grâce à cette subvention, et ce, dans les deux mois qui suivront la fin de votre projet.

Veuillez faire parvenir ce rapport à l'adresse suivante : Madame Lyette Doré [...]

Vous me permettrez de profiter de cette occasion pour vous féliciter de votre initiative [...]

Signé Michel Dupuy »

Interrogé par Claude Arpin du quotidien *The Gazette* le 28 février 1997, soit seulement 15 mois après le référendum, Claude Dauphin, président de l'officine mystérieuse, a affirmé ne pas se souvenir de ce qu'Option Canada avait fait pendant la campagne référendaire. « Le seul fait d'avoir prêté mon nom comme président ne veut pas dire que j'ai dirigé l'entreprise[8] » a déclaré alors Claude Dauphin. Selon sa lettre, le ministre de la Couronne Michel Dupuy ne semblait pas considérer Claude Dauphin comme un simple prête-nom. À en juger par les montants d'argent que Claude Dauphin a reçus d'Option Canada pendant toute la campagne référendaire et dans les semaines qui l'ont précédée, il n'était pas du tout un simple prête-nom. Option Canada comptait tellement sur lui qu'entre le 15 septembre 1995 et le 15 décembre 1995, de sa cagnotte de 5,2 M $, elle a versé à Claude Dauphin la modique somme de 21 155,82 $ pour services rendus. Où est donc passée la devise *Je me souviens ?* Nous y reviendrons.

Claude Dauphin refuse de parler du rôle qu'il a joué dans le référendum de 1995. Après avoir accepté notre demande

8. " Just because I lent my name as president doesn't mean I ran the company", *The Gazette*, 20 mars 1997, p. A-1 et A-8.

d'entrevue avant la publication du livre *Le référendum volé*, son adjointe a rappelé la veille de l'entrevue pour l'annuler parce que, selon elle, « M. Dauphin se concentre sur les affaires municipales maintenant ». Encore en décembre 2005, lorsque nous avons récupéré tous les documents d'Option Canada, Claude Dauphin a refusé toute entrevue, tandis que son bureau n'a pas retourné nos nombreux appels. Il n'a guère été plus facile d'obtenir des informations de René Lemaire, ancien directeur général d'Option Canada, qui travaillait toujours pour le Conseil pour l'unité canadienne quand nous l'avons joint en juin 2005. « Je n'ai aucun commentaire au sujet d'Option Canada, nous a-t-il déclaré. C'est une époque de ma vie qui est passée. »

Quand nous lui avons demandé ce qu'il a fait avec cet argent, il a répondu : « Nous avons remis un rapport au ministre et le ministre était satisfait. Je n'ai plus rien à dire de cette époque de ma vie[9]. » Encore le célèbre rapport que Michel Dupuy a demandé dans sa lettre à Claude Dauphin. Mais Michel Dupuy a été dégommé du Patrimoine canadien en janvier 1996 pour être remplacé par le pit-bull de l'identité canadienne Sheila Copps qui, elle, sait où est passé l'argent d'Option Canada, mais refuse de le dévoiler.

Notons également que le rapport annuel pour 1995 du Conseil pour l'unité canadienne ne fait aucune mention de la mystérieuse Option Canada, alors que nous verrons que les officiers du CUC ont été très sollicités par celle-ci pendant toute l'année référendaire. En revanche, l'annexe du rapport Gomery réalisée par les juricomptables de Kroll Lindquist Avey fournit la preuve que toutes les informations sur la mystérieuse se trouvent encore quelque part dans les officines du gouvernement canadien. En effet, nous apprenons que, à partir de la caisse occulte du gouvernement du Canada appelée *La réserve pour l'unité*, le ministère du Patrimoine canadien a dépensé 5 M$ sous la rubrique « Unité — Le Référendum au Québec[10]. » Il semble donc que pendant que le ministre Michel Dupuy accordait de l'argent pour appuyer la « dualité linguistique »,

9. Entrevue avec René Lemaire du CUC, 16 juin 2005.

10. Commission d'enquête sur le Programme de commandites et les activités publicitaires, *Qui est responsable? Vérification juricomptable,* Sa Majesté la Reine du Chef du Canada, représentée par le ministre des Travaux publics et Services gouvernementaux — 2005, p. 285.

les gens des hauts lieux savaient fort bien qu'il devait uniquement servir à battre le OUI au référendum.

Option Canada était tellement mystérieuse que le directeur général des élections du Québec n'en savait strictement rien avant que l'article paraisse dans *The Gazette*, le 20 mars 1997. Le rapport très fouillé sur le référendum de 1995, émis en mai 1996, n'en fait aucune mention. Ce n'est qu'en mars 1997, près de 18 mois après le référendum, que le directeur général des élections a commencé à enquêter sur Option Canada. Il a émis un communiqué dans lequel il reconnaît avoir appris l'existence d'Option Canada par le biais de l'article paru dans *The Gazette*. De même, les dirigeants du Comité du OUI ignoraient aussi l'existence d'Option Canada avant mars 1997. On peut donc constater que si l'objectif des dirigeants d'Option Canada était de dépenser en secret les 5 M$ pendant la campagne référendaire, ils ont bien réussi. Même *The Gazette*, publication ultra-fédéraliste s'il en est, a dénoncé en éditorial la cachotterie du gouvernement du Canada dans l'affaire d'Option Canada[11].

Tout le secret entourant Option Canada, jumelé aux très nombreux trous de mémoire de ses dirigeants et à leur capacité de tourner allègrement la page sans jamais rendre de comptes sur l'utilisation de plus de 5 M$ de fonds publics, fait drôlement penser au célèbre scandale appelé pudiquement le scandale des commandites. En effet, la mystérieuse Option Canada est probablement le plus important précurseur de ce scandale canadien qui a marqué les 10 ans qui ont suivi le référendum de 1995. La campagne référendaire a été le banc d'essai à partir duquel on aura établi le modèle qui inspirera le programme des commandites. L'ancien ministre des Travaux publics du Canada, David Dingwall, n'a-t-il pas déclaré que Chuck Guité avait mérité la confiance du gouvernement du Canada lui permettant de passer outre les règles élémentaires d'octroi de contrats parce qu'il était « un modèle » et qu'il avait suscité l'admiration de tous pendant la campagne référendaire pour son « travail de première classe » ? De la même façon, l'expérience d'Option Canada pendant la campagne référendaire a prouvé aux dirigeants du Parti libéral du Canada qu'il est infiniment plus facile de magouiller en politique

11. *The Gazette*, 22 mars 1997, p. B-4.

quand l'argent public est géré par le privé que lorsqu'il est géré par des fonctionnaires[12].

Il importe également de situer Option Canada dans l'ensemble des activités des tenants du NON du Québec et de l'extérieur du Québec, ceux-là même dont le *leitmotiv* était la fin justifie les moyens. Option Canada a dépensé en secret plus de 5 M $ pour favoriser le NON, principalement pendant la période où toutes les dépenses devaient être comptabilisées par le Comité pour le NON. Nous verrons que cet argent a servi à payer de la publicité, à acheter du matériel de promotion du NON, à payer des travailleurs « bénévoles », à acheter des opinions « libres et indépendantes » et à réaliser un tas d'autres projets. Mais Option Canada n'était pas la seule à agir de la sorte. D'autres boîtes de documents que nous ne verrons jamais existent.

Dans *Le référendum volé*, nous avons révélé l'existence de 30 boîtes de documents secrets portant sur la période référendaire et dont le contenu a été déchiqueté en catimini à la demande de John Rae, l'homme à tout faire de Jean Chrétien et vice-président de Power Corporation[13], l'entreprise emblématique des liens entre le PLC et la haute finance au Canada. La personne source de cette histoire, qui requiert l'anonymat, nous a répété que les documents déchiquetés portaient sur les dépenses effectuées pendant le référendum par le Parti libéral du Canada et par diverses entreprises, et non pas sur celles d'Option Canada.

Les dépenses d'Option Canada n'englobent pas non plus celles engagées par Chuck Guité pour acheter tous les panneaux-réclame du Québec à la veille du référendum, pour la modique somme de 8 M $. Elles n'englobent pas non plus celles engagées pour organiser le très mal nommé *love-in*, cette manifestation tenue à Montréal le 27 octobre 1995. Cet événement a été organisé en catastrophe pour arracher la victoire au camp du OUI qui, contre toute attente, semblait à portée de main.

---

12. Cette hypothèse est d'Édouard Cloutier, tirée de son excellent dossier *Gomery: l'aide-mémoire*, publié par *L'Action nationale* dans un numéro spécial de novembre-décembre 2005.

13. Robin Philpot, *op. cit.*, p. 59. Notons que, selon le *Globe and Mail* (3 novembre 2005, p. A-4), John Rae a coordonné la réplique de Jean Chrétien au Rapport Gomery, à Ottawa, le 2 novembre 2005, où l'ancien premier ministre a nié l'existence même du scandale des commandites.

En effet, nous verrons qu'Option Canada était encore plus machiavélique. Sa stratégie, établie bien avant que la force du OUI ne se fasse sentir, consistait en activités illégales et partisanes réalisées avec des fonds publics.

Avant d'entrer dans le vif du sujet, toutefois, il serait utile de revoir le cadre légal dans lequel s'est déroulé le référendum du 30 octobre 1995, sans oublier la décision de la Cour suprême d'octobre 1997 qui a amené le directeur général des élections du Québec à abandonner les poursuites intentées dans la foulée du scrutin de 1995. De même, il importe de rappeler les articles des grandes conventions et pactes internationaux dont le Canada est signataire et qui traitent du droit des nations à disposer d'elles-mêmes.

Dans les pages suivantes

- la lettre accompagnant le chèque de subvention du ministre du Patrimoine canadien;
- un extrait de la demande d'incorporation d'Option Canada;
- un extrait de ses états financiers;
- des documents bancaires la liant au Conseil pour l'unité canadienne.

Ministre
du Patrimoine canadien

Minister
of Canadian Heritage

Hull, Canada K1A 0M5

DEC 20 1995

Monsieur Claude Dauphin
Président
OPTION CANADA
Bureau 475
2055, rue Peel
Montréal (Québec)
H3A 1V4

Monsieur,

J'ai le plaisir de vous informer qu'une subvention supplémentaire de 1 810 000 $ a été approuvée pour permettre la réalisation de votre projet intitulé : "Option Canada". Vous trouverez sous ce pli un chèque correspondant à ce montant.

J'ose croire que cette subvention additionnelle vous permettra de mener à bien toutes vos activités et d'atteindre vos objectifs du Programme d'appui à la dualité linguistique.

Pour nous permettre d'évaluer l'efficacité de l'aide que nous apportons aux organismes tels que le vôtre, nous vous demandons de nous soumettre un rapport sur les activités réalisées grâce à cette subvention, et ce, dans les deux mois qui suivront la fin de votre projet.

.../2

Canada

Veuillez faire parvenir ce rapport à l'adresse suivante :

Madame Lyette Doré
Directrice générale du projet sur l'identité
Ministère du Patrimoine canadien
25, rue Eddy, pièce 11G20
Hull (Québec)
K1A OM5

Vous me permettrez de profiter de cette occasion pour vous féliciter de votre initiative et pour vous adresser mes meilleurs voeux de succès.

Veuillez agréer, Monsieur, l'expression de mes meilleurs sentiments.

Michel Dupuy

P.j.

NOM	ADRESSE	PROFESSION
Michel Vennat	22, Claude Champagne Outremont (Québec) H2V 2X1	avocat
Michel G. Hudon	146, François #204 Ile-des-Soeurs, Verdun (Québec) H3E 1G3	avocat
Jocelyn Beaudoin	1001, Place Mont-Royal O. #1107 Montréal (Québec) H3A 1P2	dirigeant de société
René Lemaire	8510, Sorbonne Brossard (Québec) J4X 1N3	dirigeant de société

Les requérants seront les premiers administrateurs de la corporation.

III

Les objets pour lesquels la constitution en corporation est demandée sont les suivants:

1. Promouvoir et faire avancer l'unité canadienne par tous les moyens légaux, politiques ou autres;

2. Promouvoir ou procéder directement à toute étude, tout sondage ou toute autre activité se rapportant à la politique canadienne ou provinciale;

3. Défendre et promouvoir l'intérêt des membres;

4. Recevoir des dons, legs et autres contributions de même nature en argent, en valeurs mobilières ou immobilières, administrer de tels dons, legs et contributions; organiser des campagnes de souscription dans le but de recueillir des fonds pour les fins susmentionnées; et

5. Exercer toutes les activités connexes dans ce domaine.

Option Canada
Income Statement 95-09-01 to 96-08-31

REVENUE		
REVENUS		
Subventions gouvernementales	**4 810 000,00**	
Revenus de TPS	**113 642,84**	
Revenus de TVQ	**91 252,33**	
Autres revenus	**244 485,24**	
Total des revenus		**5 259 380,41**
REVENU TOTAL		**5 259 380,41**
TOTAL REVENUE		**5 259 380,41**

Option Canada

2055, rue Peel, bureau 475, Montréal (Québec) H3A 1V4 Tél.: (514) 843-4124 Fax: (514) 843-4590

Le 12 septembre 1995

Mme Denise Doucet
Directeur de compte
Banque Royale du Canada
1 Place Ville-Marie
Montréal, QC

Sujet: Services Bancaires Électroniques - Option Canada, compte 161 5160

Madame,

La présente autorise la Banque Royale du Canada à divulguer à Le Conseil pour l'unité canadienne les soldes de tous nos comptes et les informations qui se rapportent aux opérations connexes. L'accès à ces données permettra à la société susnommée de prendre chaque jour des décisions relativement à la gestion de trésorerie de l'ensemble du groupe.

Cette autorisation est révocable sur présentation d'un avis écrit à la Banque à l'adresse ci-dessus au moins dix (10) jours ouvrable avant la date de révocation prévue.

Cordialement,

Réjean Roy

Réjean Roy, c.a.
Signataire autorisé

The Council for Canadian Unity Le Conseil pour l'unité canadienne
1800 McGill College, Suite 2811, Montréal, Québec H3A 3J6
Telephone: (514) 849-5303 - Fax: (514) 849-7402

Montréal, le 16 octobre 1995.

LETTRE D'ENTENTE

Il est convenu par la présente que le Conseil pour l'unité canadienne accorde à Option Canada le mandat de développer et de mettre sur pied le programme "Transit".

Les termes et conditions de cet accord seront précisés dans l'entente à être signée, dans les plus brefs délais, entre le Conseil pour l'unité canadienne et Option Canada.

JOCELYN L. BEAUDOIN
Vice-président exécutif et
directeur général

J. RENÉ LEMAIRE
Directeur général
Option Canada

CHAPITRE 2

Le cadre légal du référendum de 1995 : au nom de la démocratie et des droits

La réforme dont je serai le plus fier.
RENÉ LÉVESQUE

Le référendum du 30 octobre 1995 et toute la période référendaire étaient soumis à la *Loi sur la consultation populaire* et par la version « spéciale » de la *Loi électorale pour la tenue d'un référendum*. Adoptées en 1978, peu après l'adoption de la *Loi sur le financement des partis politiques* et dans le même esprit, ces deux lois participaient à cet assainissement des mœurs politiques qui figurait parmi les grandes réalisations de René Lévesque. Textuellement, la *Loi sur le financement des partis politiques* voulait corriger « des pratiques désuètes, irrégulières ou carrément non démocratiques ». René Lévesque avait-il prévu les tripotages financiers référendaires de 1995 et le scandale des commandites ? On pourrait le croire lorsqu'on lit ses mémoires : « Mais alors que, d'Ottawa à telle ou telle autre capitale de par le monde, les scandales d'argent demeurent monnaie courante ainsi que le mépris qu'ils suscitent à l'endroit des affaires publiques, pas une fois nous n'aurons à patauger dans cette fange. De toutes les réformes que nous avons menées à bien, voilà celle dont je serai le plus fier[14]. »

14. René Lévesque. *Attendez que je me rappelle*, Montréal, Québec/Amérique, 1986, p. 386.

Il n'est guère surprenant que l'immeuble où loge le directeur général des élections du Québec s'appelle l'Édifice René-Lévesque.

Selon la Cour d'appel du Québec dans l'Affaire Libman, la *Loi sur la consultation populaire* vise à s'assurer que « pendant une campagne, il y ait, entre les forces en présence, équilibre, ordre et contrôle, le tout par des mécanismes éprouvés. Dans cette perspective, le modèle du Québec lui est propre et ajusté à ses besoins ». Plus exactement, la loi établit l'égalité économique entre les options débattues dans le référendum. Elle prévoit la création de deux comités nationaux financés d'une part par l'État québécois et, d'autre part, par les électeurs du Québec exclusivement. C'est à l'image de deux équipes sportives qui doivent obligatoirement compter le même nombre de joueurs et qui sont assujetties aux mêmes règlements. Toute dérogation à ces règlements entraîne une punition.

Même la Cour suprême du Canada, dans sa décision du 9 octobre 1997 dans l'Affaire Libman, se rapportant non pas au référendum de 1995 mais à celui de 1992 sur l'Accord de Charlottetown, donne raison au Québec dans sa volonté d'établir l'égalité économique entre les comités du OUI et du NON lors d'un référendum. Quoique la décision de la Cour suprême ait entraîné l'abandon par le directeur général des élections du Québec des poursuites découlant d'infractions à la *Loi sur la consultation populaire*, la plus haute cour de l'autre pays reconnaît la légitimité de l'organisation de la campagne référendaire en deux camps de forces égales.

> « L'objectif de la loi référendaire québécoise est fort louable [...] nous approuvons l'analyse de la Commission Lortie et du témoin-expert P. Aucoin quant à la nécessité de limiter les dépenses à la fois des partis principaux (dans le cas d'un référendum, des comités nationaux) et des indépendants afin de préserver le caractère juste et équitable des élections et, dans le cas présent, des référendums. Des dépenses illimitées pour les indépendants ou avec un plafond similaire à celui des comités nationaux rendraient inefficace le système mis en place par le législateur pour garantir une certaine égalité de moyens entre les options soumises à la consultation populaire et valoriser ainsi l'expression démocratique. Comme nous l'avons mentionné précédemment, on ne peut pas présumer que les divers individus ou groupes indépendants disposeront de moyens financiers identiques,

ni qu'ils se répartiront également pour soutenir chacune des options. Un plafonnement plus sévère pour les dépenses des indépendants, auquel d'ailleurs une forte majorité de Canadiens et Canadiennes ont donné leur appui, est nécessaire pour mettre en œuvre l'objectif du législateur.

« La preuve présentée par le procureur général du Québec démontre la nécessité d'empêcher une distribution inégale des ressources financières entre les options qui saperait l'équité du processus référendaire. La preuve démontre également que, sans un contrôle des dépenses des tiers, tout régime de limitation des dépenses pour les comités nationaux deviendrait vain. À notre avis, il existe clairement un lien rationnel entre la limitation des dépenses des indépendants et l'objectif poursuivi par le législateur[15]. »

La *Loi sur la consultation populaire* définit la période référendaire comme étant celle qui commence le jour du décret ordonnant la tenue d'un référendum et qui se termine le jour du scrutin, soit, dans le cas qui nous concerne, du 1er octobre au 30 octobre 1995 inclusivement. Dans cette période, les dépenses sont réglementées et doivent être comptabilisées par l'agent officiel du comité concerné. Une dépense réglementée, c'est le coût de tout bien ou service utilisé pendant la période référendaire pour favoriser ou défavoriser, directement ou indirectement, une option soumise à la consultation populaire. Pendant une période référendaire, seul l'agent officiel d'un comité national, son adjoint ou un agent local peuvent faire ou autoriser des dépenses réglementées[16]. Pour la campagne référendaire de 1995, l'agente officielle du Comité national du NON était Mme Nathalie Bernier.

Pour le référendum de 1995, le total des dépenses permises s'élevait à 5 086 979 $ pour chaque camp. Pour atteindre ce montant, dont la moitié vient de l'État, seuls des électeurs peuvent verser une contribution. Les personnes morales, autrement dit les entreprises, ne peuvent verser de contributions. Sont considérés comme contributions les dons d'argent à un

15. Cour suprême du Canada, [1997] 3 R.C.S. Libman c. Québec (Procureur général).

16. Pour une bonne description des lois et règlements régissant le référendum de 1995, voir le rapport du directeur général des élections : *Bulletins rejetés — Marche pour l'unité, Rapport du Directeur général des élections, Référendum du 30 octobre 1995*, publié le 13 mai 1996.

comité national, les services qui lui sont rendus et les biens qui lui sont fournis dans le but de favoriser l'une des options soumises au vote. En d'autres mots, le bénévolat est permis, mais le faux bénévolat où des gens sont payés pour travailler en faveur d'un camp est interdit, à moins que les montants versés à ces « bénévoles » ne soient comptabilisés par l'agent officiel du Comité national.

Nous verrons dans ce livre qu'Option Canada, dont le nom même travestit lâchement le célèbre livre de René Lévesque, *Option Québec*, a violé de façon flagrante l'esprit et la lettre de la *Loi sur la consultation populaire*. Nous verrons également que les dirigeants du Comité des Québécoises et des Québécois pour le NON, dirigé par Daniel Johnson, ne peuvent prétendre ignorer les agissements illégaux d'Option Canada, que ce comité semble avoir tout fait pour les dissimuler dans son rapport soumis au directeur général des élections et qu'Option Canada et le Comité pour le NON agissaient en pleine connaissance des dispositions de la loi. La volonté des penseurs d'Option Canada de violer la loi est inscrite dans les contrats que celle-ci a signés deux mois avant la tenue du référendum.

Me Jean Chartier, directeur des enquêtes et de la législation au bureau du directeur général des élections, nous a révélé les principales préoccupations du DGÉ relatives aux dépenses réglementées. Il s'agissait surtout de veiller au respect de la limite de 5 M $ et à l'égalité des deux camps pendant le référendum. Les accusations qui découlent du non respect de la loi portent sur les dépenses qui sont réglementées par la loi mais qui ne sont pas autorisées par l'agent officiel de l'un ou de l'autre des deux camps. Me Chartier précise, toutefois, que les moyens du DGÉ sont limités. Pour intenter des poursuites, il dépend principalement d'informations obtenues des médias ou de plaintes déposées par des citoyens ou par l'un ou l'autre des camps. À la fin d'une campagne, le DGÉ épluche les rapports qui lui sont soumis et s'assure qu'il y ait adéquation entre les moyens observés sur le terrain pour favoriser un camp ou l'autre et les dépenses comptabilisées dans le rapport. Me Chartier reconnaît que s'il existe des caisses occultes, il n'est pas trop difficile d'enfreindre la loi et de dépenser des montants dépassant les limites permises.

Le Comité pour le NON a reconnu dans son rapport avoir autorisé des dépenses pour 4 709 693 $, bien en deçà du montant maximum. Le Comité pour le OUI a rapporté des dépenses de 4 835 576 $. Notons que le DGÉ a enquêté sur le Conseil de la souveraineté, organisme dirigé par l'ex-ministre Yves Duhaime, qui a bénéficié avant le référendum de fonds octroyés par le gouvernement du Québec, mais n'y a rien trouvé de suspect. Depuis la controverse entourant Option Canada, les publicitaires officiels du Canada ont essayé de dire qu'Option Canada n'avait été créée que pour donner la réplique au Conseil de la souveraineté.

Quand nous avons montré les documents secrets d'Option Canada à Me Jean Chartier, il a déclaré: « Il nous apparaît que ces documents sont porteurs d'information troublante et nous sommes présentement en réflexion sur l'attitude que nous adopterons lors de leur publication[17]. »

Pour illustrer la gravité de la violation des dispositions de la *Loi sur les dépenses réglementées*, rappelons cette anecdote racontée par M. Jacques Parizeau en entrevue à Radio-Canada le 20 septembre 2005. Lorsque le chanteur Claude Dubois a constaté l'ampleur que semblait prendre le fameux mal nommé *love-in* du 27 octobre 1995, à trois jours du référendum, il a téléphoné au Comité du OUI et leur a proposé de remplir le Stade olympique en mettant sur pied un grand spectacle le dimanche 29 octobre, soit la veille du référendum. Il offrait de participer avec d'autres artistes à l'organisation. Le Comité du OUI a refusé l'offre de Claude Dubois, non pas parce que les délais étaient trop courts ni parce que ce serait trop difficile à organiser, mais simplement parce que, à quelques jours du référendum, le budget maximum de 5 M $ permis au Comité du OUI était déjà utilisé. Ce comité ne pouvait même pas accepter que le tout soit organisé bénévolement et que les artistes se produisent sans cachet, car cette activité devait être comptabilisée au coût qui aurait été demandé en temps normal.

Outre la législation québécoise, il importe de rappeler les dispositions des grandes chartes et pactes internationaux,

---

17. Entrevue avec Me Jean Chartier, directeur des enquêtes et de la législation, directeur général des élections, 13 décembre 2005.

dont le Canada est un fier signataire, qui régissent les droits de la personne et le droit des nations à disposer d'elles-mêmes. Si de telles chartes existent, si les pays ont pris la peine de les signer et de les ratifier, c'est justement pour favoriser les bonnes relations entre les peuples et la résolution pacifique et ordonnée des conflits. Ces chartes précisent les droits qui s'appliquent au Québec ainsi que les obligations du Canada à l'égard du peuple québécois.

Le Pacte international sur les droits civils et politiques, élaboré dans la foulée de la libération des colonies et adopté par l'ONU en 1966, hisse au premier rang le droit des peuples à disposer d'eux-mêmes. « Tous les peuples ont le droit de disposer d'eux-mêmes. En vertu de ce droit, ils déterminent librement leur statut politique. [...] Les États parties au présent Pacte [dont le Canada] [...] sont tenus de faciliter la réalisation du droit des peuples à disposer d'eux-mêmes. »

Il y a aussi la Charte d'Helsinki, signée en 1975 par l'ancien premier ministre du Canada Pierre Elliott Trudeau. Le Principe VIII de cette charte se lit comme suit :

> « Égalité de droits des peuples et droit des peuples à disposer d'eux-mêmes. Les États participants respectent l'égalité de droits des peuples et leur droit à disposer d'eux-mêmes, en agissant à tout moment conformément aux buts et aux principes de la Charte des Nations Unies [...]
>
> « En vertu du principe de l'égalité de droits des peuples et de leur droit à disposer d'eux-mêmes, tous les peuples ont toujours le droit, en toute liberté, de déterminer, lorsqu'ils le désirent et comme ils le désirent, leur statut politique interne et externe [...]
>
> Les États participants réaffirment l'importance universelle du respect et de l'exercice effectif par les peuples de droits égaux et de leur droit à disposer d'eux-mêmes, pour le développement de relations amicales entre eux de même qu'entre tous les États ; ils rappellent également l'importance de l'élimination de toute violation de ce principe, quelque forme qu'elle prenne. »

Pour la clarté, on ne peut trouver mieux !

Pour sa part, Pierre-F. Côté était tout aussi étonné lorsqu'il a vu les documents d'Option Canada. « Au moment où on parle de clarté référendaire, on trouve ce genre de choses-là qui se seraient passées en 1995. Si ces choses s'avèrent vraies, c'est très sérieux. Il faut tout faire pour faire respecter la loi québécoise. »

Ainsi, pour respecter le Pacte international de 1966 et la Charte d'Helsinki ainsi que sa signature, le gouvernement du Canada et ses ramifications doivent faciliter la libre détermination par le peuple québécois de son statut politique et s'efforcer d'éliminer toute violation des principes s'y trouvant.

En 1980 et en 1995, Ottawa a accepté de jouer selon les règles établies par le Québec et reconnues internationalement. Mais les documents d'Option Canada démontrent que, en sous-main, le gouvernement canadien a tout fait pour violer ces mêmes règles dont il essaie de se faire le champion partout dans le monde, de Port-au-Prince à Bagdad ! Ce double jeu du Canada révèle un cynisme consommé.

CHAPITRE 3

Qui paie les violons choisit le morceau ! Pierre Pettigrew, Charles E. Roh et autres penseurs « libres »

Tout finit par se savoir !

Pierre Pettigrew n'est pas un *loser*. Du moins, c'est ce qu'il dit. Il est plutôt un grand spécialiste des affaires internationales, pas seulement depuis qu'il s'occupe du ministère canadien des Affaires étrangères, mais aussi quand il était vice-président de Samson Bélair / Deloitte & Touche. C'est ce poste qu'il occupait avant que le premier ministre Jean Chrétien ne l'invite, en janvier 1996, à faire partie du Conseil des ministres du gouvernement du Canada et à se présenter comme député du comté de Papineau pour devenir ministre à la place de l'ineffable histrion, André Ouellet. Comme nous le savons, André Ouellet a été appelé à servir — et à se servir — dans d'autres importantes fonctions à la Société canadienne des Postes. La connaissance des affaires internationales de Pierre Pettigrew était tellement grande que *La Presse* a bien voulu accorder à celui-ci presque toute sa page d'opinion pendant cinq jours consécutifs, du 26 au 30 septembre 1995, pour nous expliquer en long et en large pourquoi la souveraineté proposée par le gouvernement du Québec « risquerait de nous ridiculiser à travers la planète ».

Tout y passe dans sa série-fleuve, de la mondialisation comme soi-disant force révolutionnaire, à l'unique et irremplaçable diplomatie canadienne, en passant par les menaces qu'il désire voir Washington brandir contre le Québec en utilisant l'Accord de libre-échange nord-américain (ALÉNA). Forte en opinions et en sophismes mais faible en faits, cette série d'articles d'opinion est présentée par le journal hôte comme suit: «*La Presse* publie, à compter d'aujourd'hui, une série d'articles sur le phénomène de la mondialisation, phénomène auquel le Québec n'échappe pas. L'auteur des textes, Pierre S. Pettigrew, est expert-conseil en affaires internationales et en économie mondiale.» L'intervention de notre expert-conseil a bel et bien provoqué un certain débat pendant le mois référendaire qui suivit. À titre d'exemple, toujours prêt à emboîter le pas dans ce genre d'expertise, l'éditorialiste en chef de *La Presse*, Alain Dubuc, a pris la balle au bond en répétant les affirmations de M. Pettigrew. Pour sa part, Louise Beaudoin, ministre québécoise de la Culture et des Communications s'est sentie obligée d'y répondre, les 18 et 19 octobre suivants. L'expert-conseil Pettigrew répliquera à cette réponse par une autre libre opinion où il étirera la sauce dans *La Presse* du mercredi 25 octobre, soit à quelques jours du référendum.

La clé de la défense fleuve du *statu quo* canadien à la veille du référendum — 5 300 mots dans le plus grand quotidien français d'Amérique — ainsi que l'échange qui s'ensuivit se trouve dans la boîte de documents comptables de la mystérieuse Option Canada. Le 15 octobre 1995, en pleine campagne référendaire, Pierre S. Pettigrew a expédié une facture à Jocelyn Beaudoin, vice-président exécutif du Conseil pour l'unité canadienne, qui l'a faite passer à Option Canada. La mystérieuse officine paiera Pierre S. Pettigrew par chèque le 25 octobre 1995. La facture portait l'en-tête suivant: «Pierre S. Pettigrew, Expert-conseil, Affaires internationales et commerce mondial», et demandait le paiement de 12 000$ (TPS et TVQ en sus) pour «Honoraires professionnels de M. Pierre S. Pettigrew, pour ses services de recherche, rédaction et conseil stratégique, pour la période du 1er septembre au 15 octobre 1995[18].»

La Presse savait-elle que son savant donneur d'opinions et de leçons devait recevoir en échange de sa série d'articles la rondelette somme de 12 000$? Probablement pas. Est-ce que *La Presse* a payé son collaborateur? La règle d'or de la libre opinion est de toujours identifier les appuis financiers des

---

18. Nos nombreuses tentatives d'interviewer M. Pettigrew à ce sujet et de lui demander de commenter les factures qu'il a reçues par télécopieur ont été vaines.

Pierre S. Pettigrew
Expert-conseil
Affaires internationales et commerce mondial
1062 avenue Bernard, suite 22
Outremont, Qc H2V 1V2

Le 15 octobre 1995

Monsieur Jocelyn Beaudoin
Vice-président exécutif
Conseil de l'unité canadienne
800 McGill College
Suite 2811
Montréal, Qc H3A 3J6

Services professionnels

Honoraires professionnels de M. Pierre S. Pettigrew, pour ses services de recherche, rédaction et conseil stratégique, pour la période du 1er septembre au 15 octobre 1995.

	12 000.00 $
TPS 7% (no. R140392283)	840.00 $
	12 840.00 $
TVQ 6.5% (no. 1008013485)	834.60 $
	13 674.60 $

#5604

VÉRIFIÉ

collaborateurs. Sinon, comment distinguer le publicitaire d'une entreprise ou d'un gouvernement des vrais auteurs d'opinions vraiment libres? Les représentants du OUI qui devaient répondre aux arguments de l'expert-conseil savaient-ils que ses articles était en réalité une commande payée en sous-main avec l'argent des contribuables? Sûrement pas. Le directeur général des élections se doutait-il que l'un des six articles, celui du 25 octobre, tombait sous le couperet de la *Loi sur la consultation populaire* parce qu'il aurait été rédigé contre rémunération sans être comptabilisé par le Comité du NON? Absolument pas. Voici l'article pertinent de la loi: « ne sont pas considérés comme dépenses réglementées: la publication, dans un journal ou autre périodique, d'articles, d'éditoriaux, de nouvelles, d'entrevues, de chroniques et de lettres de lecteurs, **à la condition que cette publication soit faite sans paiement, récompense ou promesse de paiement ou de récompense** [...] »

De cette petite histoire de Pierre S. Pettigrew, on peut retenir d'abord que celui qui, en 2005, a comparé le chef du Bloc Québécois, Gilles Duceppe, à Maurice Duplessis, parlait en connaissance de cause, puisqu'il était lui-même passé maître dans l'utilisation secrète de fonds publics à des fins partisanes.

Autre document de la boîte d'Option Canada qui soulève des questions pour M. Pettigrew: des factures de 15 401,28 $ de Glyphe Communication inc. pour des honoraires avant et après la campagne référendaire. Glyphe avait son siège social dans le même petit immeuble résidentiel que l'expert-conseil Pettigrew, rue Bernard. Le site Internet Stratégis d'Industrie Canada indique que Glyphe Communications inc. portait jusqu'en 1994 le nom LE SECRETARIAT COLETTE LAVERDIERE INC. Curieusement, l'adresse postale de Glyphe est à Saint-Bruno alors que son siège social est dans la même conciergerie que Pierre Pettigrew à Outremont. La société, inactive depuis des années, a été dissoute par Corporations-Canada en 2004. Glyphe semble avoir cessé ses activités à peu près en même temps qu'Option Canada. La dernière mise à jour de son dossier auprès d'Industrie Canada, qui date de 1997, présente une dénommée Colette Giroux comme étant son administratrice. Il nous a été impossible de la retracer. Pierre Pettigrew a reçu une copie des factures de Glyphe, mais il ne retourne pas nos appels.

Cette histoire a une suite. Le 26 janvier 1996, Jean Chrétien cherche à « vendre le Canada aux Québécois » en nommant deux non élus à son Conseil des ministres. Il s'agit de Stéphane Dion, qui deviendra ministre des Affaires intergouvernementales, et de Pierre Pettigrew, qui deviendra ministre de la Coopération internationale, deux intellectuels qui sont intervenus régulièrement pour le NON pendant la campagne référendaire, souvent avec une hargne certaine. Là nous apprenons que ces deux intellectuels se faisaient payer avec de l'argent public pour essayer de nous convaincre de voter NON. Comme nous l'avons rappelé dans *Le référendum volé*, Stéphane Dion bénéficiait de contrats du Conseil privé lorsqu'il se présentait à Radio-Canada à titre de politicologue et d'expert de l'Université de Montréal en faveur du NON[19]. Lorsque sa neutralité a été mise en doute, Radio-Canada a dû expliquer que Stéphane Dion était un contractuel du Conseil privé de la Reine. Pour sa part, Pierre Pettigrew a été payé à l'insu de tout le monde par Option Canada pour défendre le Canada. Étonnant de voir à quel point il était difficile pour le camp du NON de trouver des intellectuels québécois pour défendre le Canada sans les payer !

En ce qui a trait à des experts-conseils en affaires internationales, voici une autre révélation de la boîte à surprises de la mystérieuse Option Canada. Le 16 novembre 1995, peu après le référendum, Option Canada a expédié un chèque de 8 025 $ émis à l'ordre de Carleton University-CTPL. CTPL est l'acronyme de Centre for Trade Policy and Law, qui est affilié à Carleton University. Pourquoi tant d'argent versé à un centre d'étude, ou *think tank*, si ce n'est pas, justement, pour une étude ou des études ?

Eh bien, c'est vrai, le 5 octobre 1995, le CTPL, conjointement avec le Center for Strategic and International Studies de Washington, ont publié très opportunément une étude détaillée de 25 pages rédigée par Charles E. Roh et intitulée : *The Implications for U.S. Trade Policy of an Independent Quebec*, Decision Quebec Series[20]. Charles E. Roh a été adjoint du représentant du

19. *La Presse*, 5 septembre 1995, p. B-6.

20. Charles E. Roh Jr. *The Implications for U.S. Trade Policy of an Independent Quebec*, Decision Quebec Series, CSIS, Washington, D.C., Centre for Trade Policy and Law, Ottawa, 5 octobre 1995.

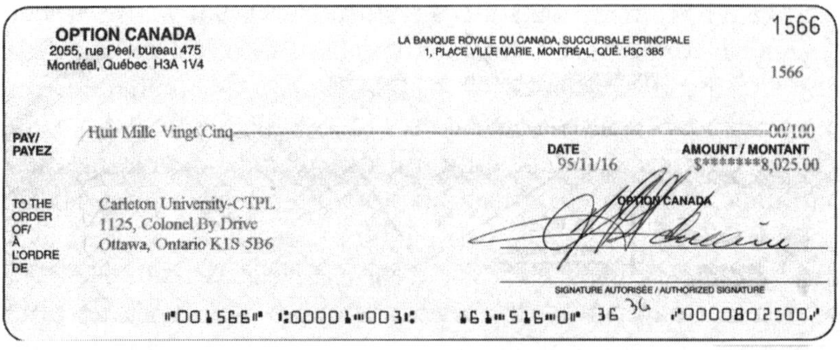
OPTION CANADA
2055, rue Peel, bureau 475
Montréal, Québec H3A 1V4

LA BANQUE ROYALE DU CANADA, SUCCURSALE PRINCIPALE
1, PLACE VILLE MARIE, MONTRÉAL, QUÉ. H3C 3B5

1566

1566

PAY/ PAYEZ Huit Mille Vingt Cinq------------------------------------00/100

DATE 95/11/16

AMOUNT / MONTANT $*******8,025.00

TO THE ORDER OF/ À L'ORDRE DE
Carleton University-CTPL
1125, Colonel By Drive
Ottawa, Ontario K1S 5B6

OPTION CANADA

SIGNATURE AUTORISÉE / AUTHORIZED SIGNATURE

ministère du Commerce des États-Unis. Au moment d'écrire son rapport et quand nous l'avons joint en 2005, il était un associé de Weil, Gotshal & Manges, l'importante firme d'avocats de Washington. Dans *Le référendum volé*, nous avons traité de cette étude dans un chapitre qui démontrait comment des nationalistes canadiens font appel au grand frère américain quand ils veulent remettre le Québec à sa place. Dès la sortie de l'étude de M. Roh, l'ambassadeur des États-Unis, James Blanchard s'en est fait le champion auprès du gouvernement Chrétien et surtout auprès de tous les médias québécois, qui l'ont très bien servi. Selon lui, il s'agissait de l'analyse la plus rigoureuse disponible, arrivant très à point « vu les forces irrationnelles en jeu[21] ».

L'étude a eu un retentissement certain, surtout dans les médias québécois mais aussi dans les médias canadiens et américains. Après la parution des études de Pierre S. Pettigrew, c'était le document qui « prouvait » que le Québec aurait toute la misère du monde à se tailler une place dans l'économie nord-américaine. Quoiqu'elle ait l'apparence d'une étude sérieuse sur les divers accords commerciaux entre le Canada et les États-Unis, il n'en est rien ! Une fois déchiffrés le vocabulaire opaque et les références érudites, on y perçoit une série de menaces économiques et politiques dirigées contre le Québec que le Canada, par sa décision ou non de s'entendre avec le Québec, pensait avoir le pouvoir de mettre à exécution. Par contre, il n'est aucunement question des effets commerciaux néfastes sur le Canada advenant son éventuel refus de s'entendre avec le

21. James J. Blanchard. *Behind the Embassy Door, Canada, Clinton and Quebec*, Toronto, McClelland and Steward, 1998, p. 234.

Québec après un vote favorable à l'indépendance. Le document était signé par un Américain, mais il était clairement inspiré par des Canadiens qui voulaient donner l'illusion qu'ils étaient en position de menacer le Québec sur le plan économique, en brandissant le pouvoir des États-Unis. Notons que le CTPL de Carleton University a également publié, pendant la campagne référendaire, une étude similaire intitulée: *The 1995 Quebec Referendum: Implications for Relations with the United States*, menée par deux professeurs de Carleton, Fanny Demers et Michel Demers. Le titre des deux documents démontre qu'on avait de la suite dans les idées en 1995.

Il va sans dire qu'un associé d'une grande firme d'avocats de Washington ne travaille jamais pour rien, même si le bureau se vante de faire du travail bénévole à l'occasion! À la première page, d'ailleurs, on reconnaît avoir reçu l'appui financier d'une fondation canadienne, soit la Fondation canadienne Donner de Toronto. Mais nulle part on n'y fait mention de la mystérieuse Option Canada. Le CTPL de Carleton reconnaît avoir reçu le chèque de 8 025 $ d'Option Canada pour des études, mais nous a déclaré que ce chèque couvrait les frais d'une autre étude intitulée: *European Union: A Viable Model for Quebec-Canada?* Or, il s'agit là d'une étude dont le Comité pour le NON a commandé officiellement des copies pour la somme de 321$[22], qu'il a payée et rapportée comme il se doit. Le chèque de 8 025 $ d'Option Canada a donc été consacré à d'autres études, mais le CTPL ne pouvait ou ne voulait préciser laquelle des études avait bénéficié secrètement de ces fonds[23].

En résumé, pendant la campagne référendaire, les deux grandes interventions «indépendantes» sur le Québec et ses relations internationales visant à défaire les arguments souverainistes ne semblent pas avoir été si indépendantes qu'elles en avaient l'air, ayant bénéficié d'argent public détourné d'une subvention du ministère du Patrimoine canadien accordée dans le cadre du Programme d'appui à la dualité linguistique.

---

22. Facture officielle contenue dans le Rapport officiel du Comité des Québécoises et Québécois pour le NON consultée en vertu de la *Loi sur l'accès à l'information*.

23. Réponse par courriel de Doris Whitteker, Financial Administrator, Centre for Trade Policy and Law, 8 décembre 2005.

Dans les pages suivantes

- un extrait du grand livre d'Option Canada indiquant le paiement fait à Pierre Pettigrew;
- une facture de Glyphe Communications dont l'adresse est presque identique à celle sur la facture de l'expert-conseil Pierre Pettigrew;
- les pages de titre de deux études du Centre for Trade Policy and Law de Carleton University payées par Option Canada.

5505 Autres						0.00 Dt
5604 Projet #4 LD						0.00 Dt
95/09/15	Mercier Léonce	1057	J55	1,785.71	-	1,785.71 Dt
95/09/15	Mercier Léonce	1058	J56	714.29	-	2,500.00 Dt
95/09/15	Pierre Lefebvre & Associates...	1069	J67	1,242.19	-	3,742.19 Dt
95/09/15	PGF Consultants Inc.	1109	J106	46,728.98	-	50,471.17 Dt
95/09/15	Dauphin, Me Claude	22/09	J157	2,812.50	-	53,283.67 Dt
95/09/20	Mercier Léonce	30/09	J202	2,500.00	-	55,783.67 Dt
95/09/30	Dauphin, Me Claude	6/10	J611	2,812.50	-	58,596.17 Dt
95/10/06	Mercier Léonce	15/10	J657	2,500.00	-	61,096.17 Dt
95/10/16	Dauphin, Me Claude	20/10	J852	2,812.50	-	63,908.67 Dt
95/10/25	Pettigrew	JG10/95	J964	12,000.00	-	75,908.67 Dt
95/10/26	Dauphin, Me Claude	3/11	J994	2,812.50	-	78,721.17 Dt
95/10/26	Mercier Léonce	31/10	J1000	2,500.00	-	81,221.17 Dt
95/11/09	Mercier Léonce	15/11	J1112	2,500.00	-	83,721.17 Dt
95/11/10	Dauphin, Me Claude	17/11	J1172	2,812.50	-	86,533.67 Dt
95/11/22	Fontaine, Yvon	15/11	J1280	22,900.00	-	109,433.67 Dt
95/11/22	Dauphin, Me Claude	1/12	J1296	2,812.50	-	112,246.17 Dt
95/11/22	Mercier Léonce	30/11	J1298	2,500.00	-	114,746.17 Dt
				114,746.17	0.00	

Glyphe Communication inc.
1062, rue Bernard #18
Outremont (Québec)
H2V 1V2
Tél: (514) 270-1047

Montréal, le 31 octobre 1995

Facture no: 95-11-12

M. René Lemaire
Option Canada
2055, rue Peel, bureau 475
Montréal, Québec
H3A 1V4

Dossier: honoraires du 1 novembre au 31 décembre 1995

Honoraires selon l'entente	5 600.00 $
Montant d'honoraires dû	5 600.00 $
TPS (127103620 7%	392.00 $
TVQ (1002125583 6.5%	389.48 $
Montant total	**6 381.48 $**

Payable sur réception

The Implications for U.S. Trade Policy of an Independent Quebec

Charles E. Roh, Jr.

Decision Quebec Series

October 5, 1995

Center for Strategic and International Studies Americas Program
Washington, D.C.
Centre for Trade Policy and Law
Ottawa, Ontario

THE 1995 QUEBEC REFERENDUM: IMPLICATIONS FOR RELATIONS WITH THE UNITED STATES

September 12, 1995

Fanny Demers
Michel Demers
Associate Professors
Department of Economics, Carleton University, Ottawa,
Centre for Trade Policy and Law,
Carleton University and the University of Ottawa, Ottawa

The authors would like to express their thanks to Murray G. Smith, Director, Centre for Trade Policy and Law, and conference participants at the Centre for Strategic and International Studies in Washington, DC, for very useful comments, and to Cemile Sancak, Carleton University, Ottawa, for excellent research assistance.

CHAPITRE 4

La main dans le sac : BCP, Éverest, Morrow, Créatec +...

Témoignant devant la Commission Gomery le 20 mai 1995, le président-directeur général de BCP, Yves Gougoux, a reconnu que BCP avait facturé à Option Canada la somme de 2 256 595 $, ce qui équivaut à environ 43 % du montant total de la subvention du Patrimoine canadien accordée en vertu du Programme d'appui à la dualité linguistique, soit 5,2 M $. Selon Yves Gougoux, les factures couvrant les services de BCP pour la campagne référendaire et le placement médias (panneaux publicitaires, annonces dans les journaux, télévision, radio, dépliants...) ont été émises au début d'octobre 1995. La procureure de la Commission, Me Marie Cossette, lui a demandé :

« Est-ce que la diffusion de ces annonces, de ce matériel que vous avez produit s'est faite préalablement à la date butoir du 1er octobre 1995 ? »

Yves Gougoux : « Oui. »

C'est sans appel d'offres, bien sûr, que BCP a décroché ce contrat, payé avec l'argent public et destiné à appuyer la dualité linguistique canadienne. D'ajouter Gougoux devant le juge Gomery : « Je vois très mal Option Canada faire un appel d'offres à toutes les agences de publicité à Montréal, incluant les agences séparatistes. »

Interrogé au sujet d'Option Canada en entrevue le 21 décembre 2004, John Parisella, vice-président de BCP, nous a déclaré : « Option Canada was basically a creation of the Council for Canadian Unity. I think the federal government supported it. It's outside the referendum period.» (Option Canada était essentiellement une création du Conseil pour l'unité canadienne. Je pense que le gouvernement fédéral l'a soutenue. C'était en dehors de la période référendaire.)

Selon les documents comptables d'Option Canada, Yves Gougoux et John Parisella «se trompent» quant aux dates de diffusion d'une grande partie du matériel publicitaire que l'entreprise qu'ils dirigent, BCP, a réalisé pour Option Canada, matériel qui, en fait, a été utilisé illégalement pendant la période référendaire du 1er octobre au 30 octobre inclusivement. Et Yves Gougoux «se trompe» quand il s'agit des dates de facturation et de paiement ainsi que du montant facturé à la mystérieuse Option Canada: on parle de plus de 3 M$, soit plus de 60 % du montant total*.

Revoyons quelques descriptions sur les factures de BCP adressées à Option Canada et payées par elle.

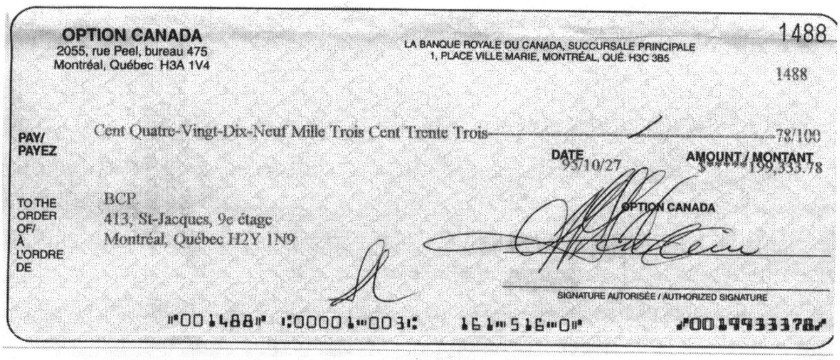
OPTION CANADA
2055, rue Peel, bureau 475
Montréal, Québec H3A 1V4

LA BANQUE ROYALE DU CANADA, SUCCURSALE PRINCIPALE
1, PLACE VILLE MARIE, MONTRÉAL, QUÉ. H3C 3B5

1488

1488

PAY/ PAYEZ Cent Quatre-Vingt-Dix-Neuf Mille Trois Cent Trente Trois — 78/100

DATE 95/10/27 AMOUNT/MONTANT $*****199,333.78

TO THE ORDER OF/ À L'ORDRE DE BCP 413, St-Jacques, 9e étage Montréal, Québec H2Y 1N9

OPTION CANADA

SIGNATURE AUTORISÉE / AUTHORIZED SIGNATURE

⑈001488⑈ ⑆00001⑉003⑆ 161⑉516⑉0⑈ ⑇0019933378⑇

Publicités radio dans toutes les régions du Québec!

Quoique le produit soit identifié comme suit: «Pour le NON / préréférendaire», la facture porte la date du 31 octobre 1995 et se rapporte à des messages publicitaires radio de 30 secondes — Vague 1. Cette facture de cinq pages énumère six grandes chaînes de radio francophones de Montréal qui, pour 16 880 $, ont diffusé 81 *spots* favorables au NON en octobre.

---

* Selon BCP, la divergence entre la déclaration d'Yves Gougoux devant la Commission Gomery sur la somme facturée à Option Canada et celle indiquée dans les documents comptables d'Option Canada s'expliquerait par un ajustement de 300 000 $ qui aurait ensuite été crédité, les agences exigeant un dépôt des clients avant le début de campagne publicitaire. Même en admettant cela, les sommes payées par Option Canada dépassent considérablement celles citées par Yves Gougoux.

Ce sont clairement des dépenses réglementées que le Comité pour le NON aurait dû comptabiliser. Défilent ensuite sur les cinq pages de la facture, cinq chaînes de radio à Québec pour 8 045 $, trois chaînes de radio à Sherbrooke pour 3 010 $, trois chaînes à Trois-Rivières pour 2 590 $, trois chaînes à Chicoutimi / Jonquière pour 2 660 $, deux chaînes à Rimouski / Matane pour 1 260 $, deux chaînes à Rivière-du-Loup, six chaînes dans quatre villes de l'Abitibi-Témiscamingue pour 1 680 $ et trois chaînes dans l'Outaouais pour 2 940 $. Le grand total pour cette vague de publicité radio pour le NON en période référendaire totalise 39 905 $. Notons que ces factures sont presque identiques à celles de la « Vague 2 », que nous avons consultées au bureau du DGÉ à Québec, et que BCP a facturées au Comité pour le NON. Des montants semblables avec des occurrences en octobre, comme celles facturées à Option Canada à la fin de la campagne.

On peut noter qu'il y a eu bien de la confusion dans les bureaux de facturation de BCP. Les factures envoyées à Option Canada ont d'abord été adressées comme suit :

« A / TO : COMITE DES QUEBECOISES ET QUEBECOIS
POUR LE NON
4364, RUE ST-DENIS 4IEME ETAGE
MONTREAL, QC
H2J 2L1

A/S : NATHALIE BERNIER »

Nathalie Bernier était l'agente officielle du Comité pour le NON tandis que l'adresse de la rue Saint-Denis était celle du Parti libéral du Québec.

Or, pour un très grand nombre de factures, on a caché le nom du destinataire en apposant une étiquette autocollante portant l'indication suivante :

« OPTION CANADA
2055, RUE PEEL
BUREAU 475
MONTREAL, QUEBEC
H3A 1V4

ATTN : RENE LEMAIRE »

Option Canada les a bien reçues et les a payées !

BCP se défend en plaidant une malencontreuse erreur où le Comité pour le NON aurait été confondu avec la Coalition pour le NON mise sur pied par Michel Bélanger avant la création officielle du Comité officiel pour le NON. Or cet argument ne tient pas la route, car on note que BCP faisait clairement la distinction entre la campagne référendaire et la campagne pré-référendaire. Et un grand nombre de factures payées par Option Canada portaient l'indication « CAMPAGNE RÉFÉRENDAIRE ».

Voici quelques descriptions se trouvant sur les factures de BCP pour un produit appelé « CAMPAGNE RÉFÉRENDAIRE ».

Le 4 octobre 1995
Date d'échéance : le 4 octobre 1995

« PRODUCTION / AFFICHAGE

FRAIS SUPPLÉMENTAIRES ENCOURUS POUR ENLEVER ET RÉ-AFFICHER SUITE À L'INTERDICTION D'ANNONCER DURANT LA SEMAINE SUIVANT L'ÉMISSION DES BREFS.

TOTAL 2 040 $ »

Le 4 octobre 1995
Date d'échéance : le 4 octobre 1995

« PRODUCTION / AFFICHES — TERRAIN 4 x 6

CONCEPTION, COORDINATION ET PRODUCTION DE 4 850 AFFICHES (2 450 FRANÇAIS ET 2 400 BILINGUE *sic*) EN 3 COULEURS SUR CORROPLAST *sic*)

TOTAL 49 028 $ »

Quoique la boîte ne contienne pas d'exemplaires des documents produits, il s'agit là sans doute des grandes affiches pour le NON qui étaient installées dans des endroits publics. Et pour assurer le bon montage, cette facture datée aussi du 4 octobre avait comme date d'échéance le 4 octobre 1995 :

« PRODUCTION / ATTACHES DE NYLON (TIE-WRAPS)

52 000 ATTACHES DE 43 "	49 140,00 $
22 000 ATTACHES DE 45"	26 180,00 $
FRAIS DE TRANSPORT	12 170,00 $
FRAIS DE COURTAGE	310,00 $
TOTAL	87 800,00 $

BCP s'est également occupé de la production de 5 000 affiches à trois couleurs sur coroplaste au coût de plus de 20 000 $ avec comme date d'échéance le 4 octobre. Ce travail a été facturé le 4 octobre, tout comme la production des structures de bois (coupe, clous et livraison), pour 1 344 $, qui permettaient d'installer tout le beau matériel de la campagne du NON.

En fait, BCP a facturé à Option Canada la « conception, coordination, production » d'au moins 65 000 panneaux-balcon pour le NON avec comme date de facturation le 4 octobre, pour un montant total d'environ 225 000 $. De plus, selon le rapport officiel du Comité pour le NON, consulté en vertu de la *Loi sur l'accès à l'information*, BCP a facturé au Comité pour le NON un autre 70 000 panneaux-balcon, le 24 octobre 1995, pour un total de près de 215 000 $. Les deux lots de panneaux-balcon ont servi à la campagne référendaire du Comité pour le NON. Les factures payées d'une part par le Comité pour le NON et d'autre part par Option Canada, portent la même indication « campagne référendaire ».

D'autres factures importantes envoyées à Option Canada pour la production de messages télé réalisés et diffusés en octobre atteignent de jolies sommes, comme 97 810 $ ou 714 479 $.

L'une des factures présentées dans ce chapitre, datée du 31 octobre, est liée à des messages publicitaires télé « Vague 1 » diffusés en octobre, sur le réseau CFCF en anglais et sur les réseaux TVA et UQS (*sic*) en français. La facture totalise 108 362,52 $.

Bon nombre de factures, datées du 31 octobre portant l'indication « campagne référendaire » et payées par Option Canada, portent sur la conception, coordination, production de messages de télévision et de radio en octobre, mais les factures pour la diffusion ne s'y trouvent pas. Les montants sont considérables (de l'ordre de 50 000 $). Il est permis de croire que les factures pour la diffusion ont été envoyées à l'agente officielle du Comité pour le NON, Nathalie Bernier, mais que quelqu'un a décidé, pour éviter de dépasser la limite permise par la loi de 5 M $, de faire payer la conception et la production par Option Canada.

Une autre facture du 13 octobre avec comme date d'échéance le 13 octobre, mais raturée, (probablement parce que cette date tombait en pleine campagne officielle), porte sur le « Placement média dans les hebdomadaires par les organisations de comté. » Le total pour les placements monte à 85 183 $, auquel s'ajoute une « commission d'agence » de 15 032 $. D'autres factures semblables couvrent des placements médias dans les hebdos du Québec jusqu'au 31 octobre 1995.

BCP a également facturé 41 000 $ à Option Canada plus les taxes pour une quinzaine de groupes de discussion (*focus groups*) organisés à la veille de la campagne référendaire dans le but de peaufiner les messages du Comité du NON. À première vue, on pourrait penser que ces factures payées par Option Canada seraient permises parce qu'elles sont datées avant le début de la campagne. Or, selon Jean Chartier, directeur des enquêtes et de la législation du DGÉ du Québec « [...] le Comité qui a engagé ces dépenses avant la période référendaire doit inclure [dans son rapport au DGÉ] les coûts en tout ou en partie dépendamment si les résultats sont utilisés en période référendaire. » Difficile pour nous de déterminer si le Comité pour le NON a utilisé les résultats des groupes de discussion organisés par BCP, mais vu l'ampleur et la nature des contrats effectués par cette maison pendant la campagne, on peut présumer que c'était le cas.

Nous savons que BCP a produit et facturé tout ce matériel favorisant le NON. Nous savons qu'Option Canada l'a payé et que ce n'est pas cette officine qui s'en est servie pendant la campagne. La question qui demeure est celle-ci : qui a reçu le matériel et qui l'a utilisé pour favoriser le NON ? La réponse est claire : le Comité des Québécoises et des Québécois pour le NON. Et ce comité ne l'a pas comptabilisé dans son rapport, que nous avons consulté au bureau du DGÉ à Québec.

BCP maintient que l'entreprise n'a placé aucune publicité après le décret référendaire, invoquant, pour expliquer les « occurrences en octobre », le concept de « broadcast month » en publicité qui fait qu'un mois se termine à la fin de sa dernière semaine complète. Or, les documents secrets d'Option Canada comparés à ceux remis avec le rapport officiel du Comité pour le NON indiquent que rien n'est aussi simple ni aussi clair !

En effet, les documents comptables d'Option Canada semblent indiquer que BCP, avec l'apparente connivence du

Comité des Québécoises et Québécois pour le NON, dirigé par son chef Daniel Johnson, feu le président Michel Bélanger et la vice-présidente Liza Frulla, a contrevenu à la *Loi sur la consultation populaire* en facturant des travaux effectués pour le camp du NON après le début de la période référendaire à Option Canada, financée entièrement et secrètement par le ministère du Patrimoine canadien. Nous reproduisons dans ce chapitre et en annexe un certain nombre de factures de BCP faites à Option Canada pour que l'ampleur de cette opération soit connue de tous !

BCP est sorti relativement indemne de la Commission Gomery, mais sa relation quasi incestueuse avec le Parti libéral du Canada et sa participation au contournement des règles à des fins partisanes ont été étalées au grand jour pendant les audiences. L'ex-président-directeur général de Postes Canada a déclaré avoir reçu des appels en ce sens du bureau du ministre des Travaux publics, David Dingwall, dès novembre 1993, à peine un mois après l'élection du gouvernement Chrétien : « Son adjoint [Warren] Kinsella m'a téléphoné pour me dire qu'il fallait changer d'agence de publicité, il fallait donner [les contrats] à BCP ; qu'il fallait leur fournir une liste de firmes d'avocats [...] pour être sûr que ce soit les bons. » Georges Clermont a ajouté qu'il recevait des demandes spéciales « pour promouvoir telle idée ou telle politique ; pour promouvoir le gouvernement fédéral, ou le Parti libéral[24]. »

Bien que BCP ait reçu la part du lion des largesses de la mystérieuse Option Canada et de son bailleur de fonds, le ministère du Patrimoine canadien, d'autres maisons de publicité et de communications ont réussi à s'y tailler une place. Parmi ces dernières, mentionnons le Groupe Éverest, de triste mémoire gomerienne, dont les bureaux se trouvaient déjà au 81, rue Sherbrooke Ouest, ce nid de corruption où Groupaction a eu pignon sur rue plus tard. En tout, le Groupe Éverest a facturé environ 85 000 $ à Option Canada. À titre d'exemple, Éverest a facturé la somme de 35 610,95 $ pour 15 groupes de discussion tenus entre le 4 septembre et le 3 octobre inclusivement ; ces groupes se sont donc terminés

24. Édouard Cloutier. « Commission Gomery : l'aide-mémoire : Kommandites et Korruption Kanadienne », *L'Action nationale*, numéro spécial novembre-décembre 2005.

après l'émission du décret. Une partie de ce montant, sinon la totalité, devait être comptabilisée par le Comité du NON. Selon le rapport officiel du Comité pour le NON, le Groupe Éverest a également facturé d'autres travaux au Comité pour le NON, dont la production d'un dépliant. Il y avait donc quelqu'un du camp du NON qui faisait la répartition de ces factures pour du travail réalisé pendant la période référendaire.

André Morrow Communications a facturé 10 028,05 $ à Option Canada pour services professionnels rendus avant et pendant la campagne référendaire officielle. André Morrow est le conjoint de Liza Frulla, qui était députée du comté de Marguerite-Bourgeoys à ce moment-là et, surtout, vice-présidente du Comité pour le NON !

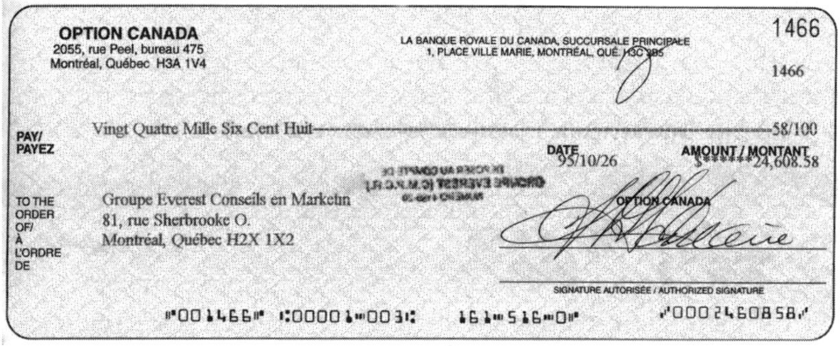
OPTION CANADA
2055, rue Peel, bureau 475
Montréal, Québec H3A 1V4

LA BANQUE ROYALE DU CANADA, SUCCURSALE PRINCIPALE
1, PLACE VILLE MARIE, MONTRÉAL, QUÉ. H3C 3B5

1466

1466

PAY/ PAYEZ Vingt Quatre Mille Six Cent Huit 58/100

DATE 95/10/26 AMOUNT / MONTANT $*****24,608.58

TO THE ORDER OF/ À L'ORDRE DE Groupe Everest Conseils en Marketin
81, rue Sherbrooke O.
Montréal, Québec H2X 1X2

OPTION CANADA

SIGNATURE AUTORISÉE / AUTHORIZED SIGNATURE

⑈001466⑈ ⑆00001⑉003⑆ 161⑉516⑉0⑈ ⑈0002460858⑈

Créatec +, une entreprise de recherche et de marketing dont le président était Grégoire Gollin, a réalisé du monitorage sur la question référendaire avant et pendant la période référendaire jusqu'au 14 octobre. L'entreprise a facturé 44 442,45 $ à René Lemaire au bureau d'Option Canada mais celle-ci a pris la peine de raturer le nom de l'organisme à qui la facture était destinée. Selon le rapport officiel du Comité pour le NON au DGÉ du Québec, Créatec + a également facturé 28 488,75 $ au Comité pour le NON pour d'autres travaux réalisés pendant la période référendaire. Qui a dit à Créatec + d'envoyer une facture à Option Canada et l'autre au Comité pour le NON ?

Les Productions Harvey Gagnon Vidéo Film de Montréal ont été payées plus de 60 000 $ pour, entre autres, du

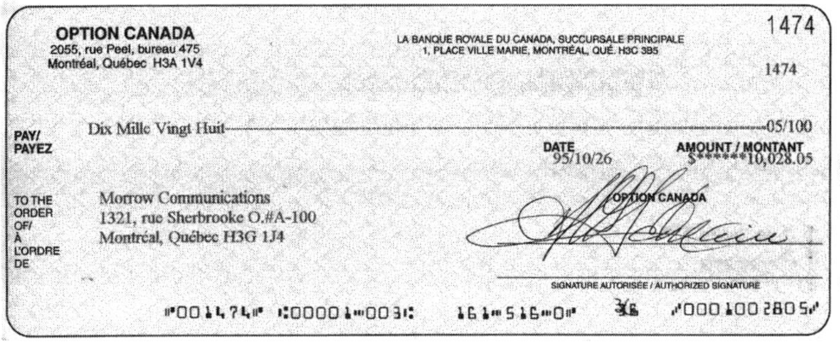
OPTION CANADA
2055, rue Peel, bureau 475
Montréal, Québec H3A 1V4

LA BANQUE ROYALE DU CANADA, SUCCURSALE PRINCIPALE
1, PLACE VILLE MARIE, MONTRÉAL, QUÉ. H3C 3B5

1474

1474

PAY/ PAYEZ Dix Mille Vingt Huit------05/100

DATE 95/10/26 AMOUNT / MONTANT $*****10,028.05

TO THE ORDER OF/ À L'ORDRE DE
Morrow Communications
1321, rue Sherbrooke O.#A-100
Montréal, Québec H3G 1J4

OPTION CANADA

SIGNATURE AUTORISÉE / AUTHORIZED SIGNATURE

⑈001474⑈ ⑆00001⑉003⑆ 161⑉516⑉0⑈ ⑈0001002805⑈

« matériel d'archives », le tout paraissant sous la rubrique « Vidéo » dans le grand livre d'Option Canada. Les factures soumises à Option Canada et payées par elle sont datées du 24 octobre et du 27 octobre. Par la nature du travail effectué, on pouvait présumer qu'il s'agissait de la production de matériel audiovisuel pendant la campagne référendaire. La facture avait été scindée de sorte que le matériel d'archives soit facturé à l'un tandis que la production, à l'autre. Vérification faite dans le rapport officiel du Comité pour le NON, on apprend que des factures faites à la même date ont été envoyées au Comité pour le NON pour la production de documents vidéo.

D'autres entreprises de communications telles que Goliath, Glenayre, le Groupe Cible, Scoop Communications ont facturé tantôt au Comité pour le NON, tantôt à la mystérieuse Option Canada pour du travail effectué généralement en période référendaire.

Genesis Média inc. a facturé 117 218,05 $ à Option Canada le 4 octobre pour du travail que l'entreprise a effectué conjointement avec Médiacom. La lettre du 4 octobre 1995 laisse entendre que l'espace publicitaire acheté était réservé pour la période référendaire officielle du 1er au 30 octobre 1995.

Environics Research de Toronto a signé un contrat pour effectuer des sondages quotidiens auprès de 100 personnes chaque jour pendant les 25 jours précédant le référendum. Environics devait fournir les résultats chaque matin par téléphone et par écrit. Le client a exigé que la firme Environics fournisse, par télécopieur, deux copies supplémentaires chaque jour de la campagne à frais supplémentaires, ce qui laisse croire qu'Option Canada n'était pas le seul détenteur de cette information.

Nous ne savons pas qui d'autre possédait l'information mais il est évident que les deux organismes qui devaient avoir le plus d'intérêt pour de tels renseignements étaient le Conseil privé du Canada et le Comité du Non.

Même l'entreprise PluriDesign de Jacques Corriveau, le proche collaborateur de Jean Chrétien banni du Parti libéral par Paul Martin, a facturé du travail à Option Canada.

Les documents secrets d'Option Canada démontrent qu'une partie importante des 5 M$ d'argent public a servi à payer de la publicité ainsi que d'autre matériel et information utilisés pour favoriser le NON, mais que le Comité pour le NON n'a pas comptabilisé ces dépenses dans son rapport. La plupart des entreprises du domaine des communications ont facturé tantôt à Option Canada tantôt au Comité pour le NON du travail réalisé généralement en pleine période référendaire, période durant laquelle les dépenses sont réglementées.

Rappelons que Option Canada était inconnue de tous jusqu'en mars 1997. Le directeur général des élections ainsi que le Comité pour le OUI ignoraient son existence. Les dirigeants du Comité pour le NON ont également dit qu'ils en ignoraient l'existence. Or, il semble que toutes ces entreprises de communications la connaissaient intimement, à telle enseigne qu'elles savaient comment faire la distinction parmi des factures pour du travail effectué en période référendaire, les unes allant au Comité pour le NON, les autres allant à Option Canada. Cela fait beaucoup de monde dans l'ignorance, mais aussi beaucoup de monde dans la confidence. Qui, du Comité pour le NON, dirigeait le trafic des commandes et des factures ? Voilà la question.

Ce chapitre sur la publicité et les communications démontre la beauté des caisses occultes comme celle de la mystérieuse Option Canada. Avec une sorte de campagne parallèle, on pouvait ainsi augmenter la présence et la visibilité du camp du NON au moyen de plus de publicité, de plus de panneaux-balcon, de plus d'affiches, etc., tout en n'en rapportant que l'autre partie, celle qui a été payée et officiellement autorisée par l'agente officielle. Tout cela ne pouvait se faire sans une coordination étroite, mais secrète.

Dans les pages suivantes

- Des factures de BCP payées clandestinement par Option Canada pour du matériel publicitaire favorable au NON diffusé en période référendaire suivies, aux fins de comparaisons, des factures officielles payées et autorisées par le Comité pour le NON;
- des factures du Groupe Éverest, de Créatec +, d'Environics (accompagnée du contrat), de Médiacom, de Genesis Média, de Production Harvey Gagnon, toutes en fait payées par Option Canada pour du travail réalisé pendant la période référendaire.

BCP

413, rue Saint-Jacques, 9e étage, Montréal (Québec) Canada H2Y 1N9

FACTURE
INVOICE

Television

A/TO COMITE DES QUEBECOIS ET QUEBECOISES
POUR LE NON
4364 RUE ST-DENIS 4IEME ETAGE
MONTREAL QC H2J 2L1

PRODUIT / PRODUCT: POUR LE NON /PRE-REFERENDAIRE

CAMPAGNE / CAMPAIGN: TELEVISION VAGUE 1
3700/01/01 Rev. 01

Nº DE FACTURE / INVOICE NO.: T16717

A/S : NATHALIE BERNIER

DATE DE FACTURATION / INVOICE DATE: 31 OCT 95

Page : 1

Date due: 31 OCT 95

Marche/Station	Occ.	Mois			MONTANT *AMOUNT*
MONTREAL ANGLO					
MONTREAL (ANG./ENG.)					
BCFCFS	40	OCT/95	27,645.00	27,645.00	
Total marche	40				27,645.00
Total pourMONTREAL ANGLO					27,645.00
RESEAU					
TVA		OCT/95		95,127.50	
UQS		OCT/95		13,235.00	
Total reseau					108,362.50
Total pour les reseaux					108,362.50

TOTAUX MENSUELS

OCT/95 27,645.00

Suite

OPTION CANADA
2055, RUE PEEL
BUREAU 475
MONTREAL
QUEBEC
H3A 1V4
ATTN: RENE LEMAIRE

FACTURE TOTALE / *INVOICE TOTAL*

Prière de faire parvenir votre chèque à l'ordre de / *Please make your remittance to:*
LE GROUPE BCP LTÉE, 413, rue Saint-Jacques, 9e étage, Montréal (Québec) Canada H2Y 1N9

CLIENT

BCP

FACTURE
INVOICE

PRODUCTION

413, rue Saint-Jacques, 9e étage, Montréal (Québec) Canada H2Y 1N9

CLIENT: 3700/CF

À / TO: OPTION CANADA
2055, RUE PEEL
BUREAU 475
MONTREAL QC H3A 1V4

PRODUIT: / PRODUCT: CAMPAGNE REFERENDAIRE

CAMPAGNE: / CAMPAIGN:

A/S : RENE LEMAIRE

DOSSIER : REF95303I

N° DE FACTURE: / INVOICE NO. 60759

DATE DE FACTURATION: / INVOICE DATE: 31 OCT 95

Page : 1

PRODUCTION / TELEVISION	MONTANT / *AMOUNT*
CONCEPTION, COORDINATION, PRODUCTION DE DEUX MESSAGES-TELE DE 30 SEC. (F) INTITULES "CHEQUE-REV" ET "... A ZERO" INCLUANT MAISON DE PRODUCTION, CACHETS, MONTAGE ET COPIES.	97,810.00
** PAYABLE SUR RECEPTION **	
TOTAL PARTIEL	97,810.00
TPS # enreg. 103035903 RT sur 97,810.00	6,846.70
TVQ # enreg. 1002275682 sur 104,656.70	6,802.68
FACTURE TOTALE / *INVOICE TOTAL*	111,459.38

#5753

VÉRIFIÉ

Prière de faire parvenir votre chèque à l'ordre de / *Please make your remittance to:*
LE GROUPE BCP LTÉE, 413, rue Saint-Jacques, 9e étage, Montréal (Québec) Canada H2Y 1N9

CLIENT

FACTURE
INVOICE

BCP

PRODUCTION

413, rue Saint-Jacques, 9e étage, Montréal (Québec) Canada H2Y 1N9

CLIENT: 3700/CF

À / TO: OPTION CANADA
2055 RUE PEEL
BUREAU 475
MONTREAL QC H3A 1V4

PRODUIT: / PRODUCT: CAMPAGNE REFERENDAIRE

CAMPAGNE: / CAMPAIGN:

Nº DE FACTURE: / INVOICE NO: 61186

A/S: RENE LEMAIRE

DATE DE FACTURATION: / INVOICE DATE: 31 OCT 95 Page : 1

DOSSIER : REF95301

DATE D'ECH: 31 OCT 95

PRODUCTION / TELEVISION	MONTANT *AMOUNT*
D E S C R I P T I O N	
CONCEPTION, COORDINATION, PRODUCTION D'UN MESSAGE DEMO DE 60 SEC. INCLUANT RECHERCHE DE METRAGE, MONTAGE, CACHET VHC, ENREGISTREMENT, COPIES DE CASSETTES, LIVRAISON, MESSAGERIES	16,074.50
Total partiel	16,074.50
TPS # enreg. 103035903 RT sur 16,074.50	1,125.22
TVQ # enreg. 1002275682 sur 17,199.72	1,117.98

#5753

VÉRIFIÉ

FACTURE TOTALE *INVOICE TOTAL*	18,317.70

Prière de faire parvenir votre chèque à l'ordre de / *Please make your remittance to:*
LE GROUPE BCP LTÉE, 413, rue Saint-Jacques, 9e étage, Montréal (Québec) Canada H2Y 1N9

CLIENT

BCP

413, rue Saint-Jacques, 9e étage, Montréal (Québec) Canada H2Y 1N9

FACTURE
INVOICE

PRODUCTION

CLIENT: 3700/GE

A/TO: OPTION CANADA
2055, RUE PEEL
BUREAU 475
MONTREAL QC H3A 1V4

PRODUIT: / PRODUCT: GENERAL

CAMPAGNE: / CAMPAIGN:

N° DE FACTURE: / INVOICE NO.: 60334

A/S: RENE LEMAIRE

DATE DE FACTURATION: / INVOICE DATE: 13 OCT 95

Page : 1

DOSSIER : REF95000

HONORAIRE	MONTANT / AMOUNT
D E S C R I P T I O N	
PLACEMENT MEDIA DANS LES HEBDOMADAIRES PAR LES ORGANISATIONS DE COMTE	85,183.18
COMMISSION D'AGENCE	15,032.33
Total partiel	100,215.51
TPS # enreg. 103035903 RT sur 100,215.51	7,015.09
TVQ # enreg. 1002275682 sur 107,230.60	6,969.99
->->PAYABLE SUR RECEPTION <-<-	
FACTURE TOTALE / INVOICE TOTAL	114,200.59

att Erika Rasmussen

#5752

Prière de faire parvenir votre chèque à l'ordre de / *Please make your remittance to:*
LE GROUPE BCP LTÉE, 413, rue Saint-Jacques, 9e étage, Montréal (Québec) Canada H2Y 1N9

CLIENT

BCP

413, rue Saint-Jacques, 9e étage, Montréal (Québec) Canada H2Y 1N9

FACTURE
INVOICE

PRODUCTION

CLIENT: 3700/CF

À / TO: OPTION CANADA
2055, RUE PEEL
BUREAU 475
MONTREAL QC H3A 1V4

PRODUIT: / PRODUCT: CAMPAGNE REFERENDAIRE

CAMPAGNE: / CAMPAIGN:

N° DE FACTURE: / INVOICE NO.: 60760

DATE DE FACTURATION: / INVOICE DATE: 31 OCT 95

A/S : RENE LEMAIRE

DOSSIER : REF95303J

Page : 1

PRODUCTION / TELEVISION	MONTANT / AMOUNT
CONCEPTION, COORDINATION, PRODUCTION D'UN MESSAGE-TELE 30 SEC. (F) "CHEQUE" INCLUANT MAISON DE PRODUCTION, CACHETS, MONTAGE ET MUSIQUE (CE MESSAGE N'A PAS ETE DIFFUSE).	51,621.00
** PAYABLE SUR RECEPTION **	
TOTAL PARTIEL	51,621.00
TPS # enreg. 103035903 RT sur 51,621.00	3,613.47
TVQ # enreg. 1002275682 sur 55,234.47	3,590.24
FACTURE TOTALE / INVOICE TOTAL	58,824.71

#5753

VÉRIFIÉ

Prière de faire parvenir votre chèque à l'ordre de / *Please make your remittance to:*
LE GROUPE BCP LTÉE, 413, rue Saint-Jacques, 9e étage, Montréal (Québec) Canada H2Y 1N9

CLIENT

BCP

413, rue Saint-Jacques, 9e étage, Montréal (Québec) Canada H2Y 1N9

À / TO: OPTION CANADA
2055, RUE PEEL
BUREAU 475
MONTREAL , QC
H3A 1V4

DATE: 03 OCTOBRE 95

ATT. RENE LEMAIRE

FACTURE	DATE	TYPE	DESCRIPTION	MONTANT
60236	03 OCT 95	PRODUCTION	REF95113	$10,837.12
60237	03 OCT 95	PRODUCTION	REF95112	$14,555.10
60238	03 OCT 95	PRODUCTION	REF95110	$13,752.09
60239	03 OCT 95	PRODUCTION	REF95136	$9,287.33
60240	03 OCT 95	PRODUCTION	REF95000	$270,482.45
60241	03 OCT 95	PRODUCTION	REF95700	$3,048.30
60242	03 OCT 95	PRODUCTION	REF95500	$46,892.48
60243	03 OCT 95	PRODUCTION	REF95401	$34,693.60
60244	03 OCT 95	PRODUCTION	REF95401A	$4,285.85
60245	03 OCT 95	PRODUCTION	REF95300	$80,492.11
60246	03 OCT 95	PRODUCTION	REF95300A	$4,284.71
60247	03 OCT 95	PRODUCTION	REF95135	$9,988.16
60248	03 OCT 95	PRODUCTION	REF95133	$2,450.03
60249	03 OCT 95	PRODUCTION	REF95111	$175,823.45
60250	03 OCT 95	PRODUCTION	REF95111A	$24,894.61
60251	03 OCT 95	PRODUCTION	REF95100A	$8,711.86
			626,983.67 43,888.86 43,606.72 #5753	$714,479.25
				$714,479.25

Prière de faire parvenir votre chèque à l'ordre de / *Please make your remittance to:*
LE GROUPE BCP LTÉE, 413, rue Saint-Jacques, 9e étage, Montréal (Québec) Canada H2Y 1N9

CLIENT

FACTURE
INVOICE

BCP

413, rue Saint-Jacques, 9e étage, Montréal (Québec) Canada H2Y 1N9

PRODUCTION

CLIENT: 3700/CF

A / TO: OPTION CANADA
2055, RUE PEEL
BUREAU 475
MONTREAL QC H3A 1V4

PRODUIT: / PRODUCT: CAMPAGNE REFERENDAIRE
CAMPAGNE: / CAMPAIGN:

N° DE FACTURE: / INVOICE NO: 60236

A/S : RENE LEMAIRE

DATE DE FACTURATION: / INVOICE DATE: 03 OCT 95 Page : 1

DOSSIER : REF95113

DATE D'ECH: 03 OCT 95

MACARONS / AUTO-COLLANTS	MONTANT / AMOUNT
PHASE 1	
PRODUCTION / MACARONS AUTO-COLLANTS	9,510.00
CONCEPTION, COORDINATION, PRODUCTION DE 50,000 EXEMPLAIRES EN 3 COULEURS SUR TISSU.	
TOTAL PARTIEL	9,510.00
TPS # enreg. 103035903 RT sur 9,510.00	665.70
TVQ # enreg. 1002275682 sur 10,175.70	661.42
626,933.67 / 43,888.86 / 113,606.72 / #5753	
FACTURE TOTALE / INVOICE TOTAL	10,837.12

rière de faire parvenir votre chèque à l'ordre de / *Please make your remittance to:*
E GROUPE BCP LTÉE, 413, rue Saint-Jacques, 9e étage, Montréal (Québec) Canada H2Y 1N9

CLIENT

BCP

413, rue Saint-Jacques, 9e étage, Montréal (Québec) Canada H2Y 1N9

FACTURE
INVOICE

PRODUCTION

CLIENT: 3700/CF

À/TO: OPTION CANADA
2055, RUE PEEL
BUREAU 475
MONTREAL QC H3A 1V4

PRODUIT/PRODUCT: CAMPAGNE REFERENDAIRE

CAMPAGNE/CAMPAIGN:

N° DE FACTURE/INVOICE NO: 60249

A/S : RENE LEMAIRE

DATE DE FACTURATION/INVOICE DATE: 03 OCT 95

Page : 1

DOSSIER : REF95111

DATE D'ECH: 03 OCT 95

AFFICHES - PHASE 1 (2" X 3")	MONTANT / AMOUNT
PRODUCTION / AFFICHES 2" X 3"	154,292.00
CONCEPTION, COORDINATION, PRODUCTION DE 45,000 EXEMPLAIRES SUR CORROPLAST EN 3 COULEURS	
TOTAL PARTIEL	154,292.00
TPS # enreg. 103035903 RT sur 154,292.00	10,800.44
TVQ # enreg. 1002275682 sur 165,092.44	10,731.01
FACTURE TOTALE / INVOICE TOTAL	175,823.45

Prière de faire parvenir votre chèque à l'ordre de / *Please make your remittance to:*
LE GROUPE BCP LTÉE, 413, rue Saint-Jacques, 9e étage, Montréal (Québec) Canada H2Y 1N9

CLIENT

INVOICE

BCP

413, rue Saint-Jacques, 9e étage, Montréal (Québec) Canada H2Y 1N9

PRODUCTION

816-55

CLIENT: 3700/CF

COMITE DES QUEBECOIS ET QUEBECOISES
POUR LE NON
4364 RUE ST-DENIS 4IEME ETAGE
MONTREAL QC H2J 2L1

PRODUIT: / PRODUCT: CAMPAGNE REFERENDAIRE

CAMPAGNE: / CAMPAIGN:

N° DE FACTURE: / INVOICE NO.: 60582

A/S : NATHALIE BERNIER

DATE DE FACTURATION: / INVOICE DATE: 27 OCT 95

Page : 1

DOSSIER : REF95100B

PRODUCTION / ANN. QUOTIDIENS	MONTANT / AMOUNT
REQUISITION # 000340	
CONCEPTION, COORDINATION ET PRODUCTION DE 3 CONCEPTS D'ANNONCES "AU LENDEMAIN"	2,400.00
TOTAL PARTIEL	2,400.00
TPS # enreg. 103035903 RT sur 2,400.00	168.00
TVQ # enreg. 1002275682 sur 2,568.00	166.92
FACTURE TOTALE / INVOICE TOTAL	2,734.92

Facture officielle autorisée par le Comité pour Le NON.
Elle ressemble à celles payées par Option Canada.

re de faire parvenir votre chèque à l'ordre de / Please make your remittance to:
GROUPE BCP LTÉE, 413, rue Saint-Jacques, 9e étage, Montréal (Québec) Canada H2Y 1N9

CLIENT

28 m

CLIENT

BCP

413, rue Saint-Jacques, 9e étage, Montréal (Québec) Canada H2Y 1N9

FACTURE
INVOICE

PRODUCTION

CLIENT: 3700/CF

PRODUIT / PRODUCT: CAMPAGNE REFERENDAIRE

CAMPAGNE / CAMPAIGN:

À/TO OPTION CANADA
2055, RUE PEEL
BUREAU 475
MONTREAL QC H3A 1V4

Nº DE FACTURE / INVOICE NO. 60284

A/S : RENE LEMAIRE

DATE DE FACTURATION / INVOICE DATE 04 OCT 95

Page : 1

DOSSIER : REF95111B

DATE D'ECH: 04 OCT 95

AFFICHES - PHASE 1 (2" X 3")		MONTANT / AMOUNT
PRODUCTION / ATTACHES DE NYLON (TIE-WRAPS)		87,800.00
52000 ATTACHES DE 43"	49140.00	
22000 ATTACHES DE 45"	26180.00	
FRAIS DE TRANSPORT	12170.40	
FRAIS DE COURTAGE	310.00	
	TOTAL PARTIEL	87,800.00
TPS # enreg. 103035903 RT sur 87,800.00		6,146.00
TVQ # enreg. 1002275682 sur 93,946.00		6,106.49
	FACTURE TOTALE / *INVOICE TOTAL*	100,052.49

ère de faire parvenir votre chèque à l'ordre de / *Please make your remittance to:*
GROUPE BCP LTÉE, 413, rue Saint-Jacques, 9e étage, Montréal (Québec) Canada H2Y 1N9

CLIENT

MEDIACOM

INVOICE / FACTURE 1

Direct Inquiries to: 1 (800) 565-1392
Toronto: (416) 565-1392

MAILING ADDRESS:
ADRESSE DE RETOUR:
MEDIACOM, INC.
377 Horner Avenue
Etobicoke, Ontario M8W 1Z6
Telephone (416) 255-1392
Fax (416) 255-2063

AG9836 Option Canada
A/s M. Rene Lemaire
2055 Rue Peel, Bureau 475
Montreal PQ
H3A 1V4

Account Super: Michel Lavigueur

DATE	Nº CONTRAT	Nº FACTURE	Nº DOSSIER
11/20/95	MC 9699	31592	

ADVERTISER
ANNONCEUR

POSTING DATE / DATE D'AFFICHAGE	MARKET / MARCHÉ	FACES (ENG. / FRE.) / FACES (ANG. / FRANC.)	GRP / PEB	
FRAIS D'AFFICHAGE DE 27 FACES À QUÉBEC				1,215.00
FRAIS D'AFFICHAGE DE 15 FACES À TROIS-RIVIÈRES				675.00
FRAIS D'AFFICHAGE DE 18 FACES À CHICOUTIMI/JONQ.				810.00
FRAIS D'AFFICHAGE DE 6 FACES EN BEAUCE.				405.00
FRAIS D'AFFICHAGE DE 17 FACES A THETFORD MINES.				1,147.50
		Invoice Subtotal:		4,252.50
G.S.T. 7%				297.68
Quebec Q.S.T. 6.5%				295.77
		Total Due:		4,845.95

Lemaire #5871

MEDIACOM

Payable upon Receipt
GST Registration # R103617486

GENESIS

LE POUVOIR SUR LE TEMPS ET L'ESPACE

Le 4 octobre 1995

M. René Lemaire
OPTION CANADA
2055 rue Peel
Bureau 475
MONTRÉAL (Québec)
H3A 1V4

M. Lemaire,

Vous trouverez ci-joint un devis détaillant tout l'espace que nous avons acheté.

Vous trouverez également la facture # P3811 au montant de $117 218.05 (taxes incluses). La portion de Médiacom i.e. $47 086.78 (taxes incluses) est payable dès réception de la facture. La balance est payable au 30 octobre 1995.

Si vous avez des questions, n'hésitez pas à communiquer avec moi.

Salutations,

Pilotte

Josée Pilotte
Chef de l'administration par intérim

#5871

p.j. (2)

P.S. Téléphonez-moi quand les chèques seront prêts; j'enverrai un messager les chercher.

GENESIS MEDIA INC.
1255 RUE UNIVERSITÉ
BUREAU 900
MONTRÉAL QC CANADA
H3B 3W4

514 875 7700
TÉLÉCOPIEUR 875 9756

PRODUCTIONS
Harvey Gagnon INC
VIDÉO FILM

1600, Notre-Dame Ouest
Bureau 206
Montréal, Qc, H3J 1M1

Tél.: (514) 846-5707
Fax: (514) 989-1294

FACTURE / INVOICE

VENDU À / SOLD TO Option Canada
2055, rue Peel
suite 475
Montréal, Québec
H3A 1V4

DATE: 24 octobre 1995

CODE CLIENT / CUSTOMER:
OC100

ATT: M. René Lemaire

COMMANDE NO ORDER NO	DESCRIPTION	QUANTITÉ QUANTITY	PRIX PRICE	MONTANT AMOUNT
	Matériel d'archives			27 000,00
	#5872 VÉRIFIÉ			

FÉDÉRAL	Lic. no #TPS:R114681281	ou $ 27 000$ (TAXABLE)	7 %	1 890$
PROVINCIAL	Lic. no #TVQ:1003567326	ou $ 28890$ (TAXABLE)	6,5 %	1 877,85$

3137

NET 30 JOURS - 2% frais d'adm. par mois sur comptes passés dû
NET 30 DAYS - 2% per month charges on outstanding account

TOTAL 30 767,85$

en Verdun

on
87

3371

RODUCTIONS
Harvey Gagnon INC
VIDÉO FILM

1600, Notre-Dame Ouest
Bureau 206
Montréal, Qc, H3J 1M1

Tél.: (514) 846-5707
Fax: (514) 989-1294

FACTURE / INVOICE

/ENDU À / SOLD TO

Comité des Québécoises et des
Québécois pour le NON.
4364, rue St-Denis
Montréal, Québec
H2J 2L1

Att.: Stéphane Bertrand

DATE: 24 octobre 1995

CODE CLIENT / CUSTOMER:

COMMANDE NO ORDER NO	DESCRIPTION	QUANTITÉ QUANTITY	PRIX PRICE	MONTANT AMOUNT
	Mandat:			
	Tournage Vox Pop			
	du 17 octobre 1995 au 22 octobre 1995			17 000$
	Facture officielle pour le comité payée par le NON et comptabilisée			

FÉDÉRAL	Lic. no TPS#R114681281	TAXABLE ou $ 17 000.00$	7 %	1 190$
PROVINCIAL	Lic. no TVQ#1003567326	TAXABLE ou $ 18 190.00$	6.5 %	1 182,35$
3138	NET 30 JOURS - 2% frais d'adm. par mois sur comptes passés dû NET 30 DAYS - 2% per month charges on outstanding account		TOTAL	19 372,35$

Groupe Everest
CONSEILS EN COMMUNICATION ET MARKETING

Conseil sur l'unité canadienne
2055, rue Peel
Bureau 475
Montréal (Québec)
H3A 1V4

5 octobre 1995
Facture no. 1013

Att : Monsieur René Lemaire

Mandat : Recrutement et animation de 3 groupes de discussion traitant des institutions canadiennes.

2-3 octobre 1995

Profil des groupes : Composés de 10 à 12 personnes, hommes et femmes (50-50), 18 ans et plus, francophones.

Sous-total :	6 250,00 $
TPS (7 %) No. : 103037339	437.50 $
TVQ (6,5 %) No. : 1002547747	434.69 $
Total :	7 122.19 $

#5002

Prière d'effectuer votre paiement à l'ordre du Groupe Everest Inc.

81, rue Sherbrooke Ouest
Montréal (Québec)
H2X 1X2
Téléphone : (514) 842-1433
Télécopieur : (514) 842-6100

CRÉATEC+
recherche - marketing

206, avenue des Pins est
Montréal (Québec) H2W 1P1
Tél.: (514) 844-1127
Fax: (514) 288-3194

Montréal, le 16 octobre 1995

Monsieur René Lemaire
[redacted]
2055 rue Peel - Bureau 475
Montréal, Québec
H3A 1V4

FACTURE #95-108

RE : TRACKING HEBDOMADAIRE (*Questionnaire de 14 minutes*)

• 25-30 septembre (*tracking spécial sur la question officielle / N = 1 000*)	15 000.00 $
• 3-7 octobre (N = 635)	12 000.00 $
• 10-14 octobre (N = 635)	12 000.00 $
Sous-total	39 000.00 $
• T.P.S. (R-103183695) 7%	2 730.00 $
• T.V.Q. (1001362921) 6,5%	2 712.45 $
• TOTAL (Net 30 jours)	44 442.45 $

GRÉGOIRE GOLLIN
Président

VÉRIFIÉ

E·N·V·I·R·O·N·I·C·S

ENVIRONICS RESEARCH GROUP LIMITED
45 Charles Street East
Toronto, Canada M4Y 1S2
Tel: (416) 964-1397 / Fax: (416) 964-2486

September 29, 1995

INVOICE #3370
JOB #FQ52

In Account With: **Council for Canadian Unity**

Attention: Mr. Guy Dancause
Council for Canadian Unity
P.O. Box 280
Royal Trust Tower, 33rd Floor
Toronto, Ontario
M5K 1J5

Telephone: (416) 361-9196

Re: **1995 FOCUS QUEBEC - Referendum Polling Program**

Subscription	$ 15,000.00
2 extra faxes	$ 200.00
Sub total	$ 15,200.00
GST	$ 1,064.00
Amount due this invoice	**$ 16,264.00**

This is our account.

Thank you.

Per: Andrea Kier
Andrea Kier
Controller

Approved
Oct. 2nd 95.

DUE UPON RECEIPT

GST Registration Number: R101658680

CAMRO ACORM

ENVIRONICS RESEARCH GROUP LIMITED
1995 SUBSCRIPTION AGREEMENT FOR
FOCUS QUEBEC

Because of the special and confidential nature of the FOCUS QUEBEC Polling Program, execution of this Subscription Agreement is required prior to any services being provided by Environics. Your execution of this Agreement represents your application for this Environics service. It is understood that this Agreement is not binding upon Environics until signed by Environics and by the Client and that Environics reserves the right to reject any applicant for any reason.

1. Environics Research Group Limited ("Environics") will provide Council for Canadian Unity ("Client") with daily polling results for Fifteen Thousand Canadian Dollars ($15,000), not including GST.

   The client wishes 2 additional copies of daily reports sent by fax for an extra fee of $100 each.

   Environics and CROP Inc. will conduct 100 interviews per evening across the province of Quebec during the last 25 days of the provincial referendum campaign on sovereignty using a questionnaire to measure vote intention (decided and leaning), and other measures.

   Environics will provide the Client with daily totals, three day totals and five day totals each morning for the 25 days preceding and including voting day.

2. Findings will be accompanied by a brief written analysis.

3. Telephone consultations are included as part of the service. Consultations/presentations at the client's office will be charged a professional fee of $215.00/hour.

4. Cheques and money orders shall be made payable to Environics Research Group Limited and shall be sent to: Environics Research Group Limited, 45 Charles Street East, Toronto, Ontario M4Y 1S2.

5. The FOCUS QUEBEC Polling Program is confidential and is provided by Environics solely for the benefit and use of the Client in its business. The Client agrees to respect and maintain the confidential nature of FOCUS QUEBEC and agrees that findings will not be released to any third party or to the public or media, nor will they be reproduced in whole or in part without the express written consent of Environics. Any such request shall be made in writing to Environics at the address indicated above.

Date: Oct 2nd 95 By: [signature]
Name

Title

Date: Sept 29/95 By: Norma D'Costa
Environics Research Group Limited

CHAPITRE 5

Fédéraliste, plus 15 % : le Conseil québécois des gens d'affaires pour le Canada

Le plus important rassemblement en faveur du NON avant la dernière semaine de la campagne référendaire, a été organisé par le Conseil québécois des gens d'affaires pour le Canada, le mercredi 18 octobre 1995, au Palais des congrès de Montréal. Près de 3 000 hommes d'affaires en complet-veston — ils se disaient gens d'affaires mais c'était très majoritairement des hommes — sont venus rencontrer et écouter les dirigeants politiques du NON, les Johnson, Charest et autres, ainsi que des hommes d'affaires fédéralistes dont Marcel Dutil de Canam-Manac, Laurent Beaudoin de Bombardier, et Guy St-Pierre de SNC-Lavalin. Le chef du NON en est sorti requinqué à un moment où il en avait besoin parce que le OUI menait dans les sondages. Certains lecteurs se souviendront sûrement de cette soirée où Jean Charest s'est surpassé en obséquiosité envers Laurent Beaudoin avec qui il était à tu et à toi: « Je suis très fier de connaître Laurent Beaudoin. Lève-toi Laurent. » Ce geste de M. Charest a sûrement enrichi le pont d'or qu'on lui avait préparé lorsqu'il a quitté Ottawa et le Parti conservateur pour devenir un fervent libéral à Québec.

Les documents comptables d'Option Canada démontrent que le Conseil québécois des gens d'affaires pour le Canada a reçu en tout 343 760,15 $ d'Option Canada pendant la campagne référendaire. Les représentants des entreprises les plus riches et les plus prospères du Canada monnayaient leur soutien au fédéralisme. Ils étaient prêts à chanter en chœur le *Ô Canada* pourvu que les libéraux, avec qui ils sont de connivence depuis toujours, assument la note par l'entremise d'une officine secrète.

Quoique la facture datée du 10 octobre de cette organisation de gens d'affaires dissimule le fait que l'argent ait pu être dépensé illégalement — la facture précise que le Conseil demande 256 600 $ pour des mandats réalisés en septembre 1995 — la lettre du président du CQGAC du 12 octobre 1995 à Jocelyn Beaudoin du Conseil pour l'unité canadienne suggère qu'il y a bien une anguille sous la roche de cette prétention de conformité à la loi.

« Cher Jocelyn, écrit Pierre Côté, président du Conseil, qui était aussi président de Celanese Canada. Vous trouverez en annexe notre facture numéro 5 qui correspond à la réalisation de nos mandats pour le mois de septembre 1995. Compte tenu de la conjoncture actuelle, j'apprécierais que vous émettiez un chèque pour couvrir cette facture dans les plus brefs délais. »

Étant donné que les mandats auraient été réalisés en septembre, pourquoi l'urgence d'émettre le chèque ? Les 30 jours de délai de paiement sont sacrés dans le monde des affaires. Quelle pourrait être la particularité de « la conjoncture actuelle » si ce n'est la campagne référendaire où l'argent, le nerf de la guerre, pourrait venir à manquer au Comité pour le NON qui ne pouvait pas dépasser la limite légale de 5 M $? Jocelyn Beaudoin répond rapidement à ce doux appel de son ami Pierre Côté en faisant émettre par la mystérieuse Option Canada un chèque de 260 615,09 $ le 26 octobre 1995 !

Les documents démontrent d'ailleurs que ce fameux Conseil québécois des gens d'affaires pour le Canada était une création du Conseil privé de la Reine pour le Canada, monté de toutes pièces par celui-ci à la veille du référendum, et financé à grands frais par l'argent détourné du programme du ministère du Patrimoine canadien destiné à appuyer la dualité linguistique canadienne. Même le grand lancement de la campagne du NON à Québec, le jeudi 21 septembre 1995, assemblée où Laurent Beaudoin a prononcé son fameux discours sur l'incapacité de Bombardier d'exister au Québec en tant qu'« État rapetissé »[25], a

---

25. Robin Philpot, *op. cit.*, p. 24.

été organisé par les apôtres du privé à tout crin, mais grâce à l'argent public d'Option Canada. Il est amusant de relire les discours prononcés aux convives réunis aux frais de la princesse: «Il va falloir qu'on vive selon nos moyens», a dit le président de ce conseil de gens d'affaires bidon. «Il faut penser à assurer à nos enfants ce que nos parents nous ont donné. Il va falloir

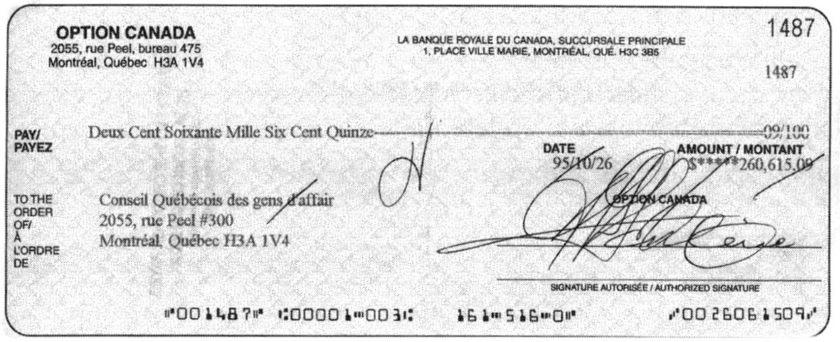
OPTION CANADA
2055, rue Peel, bureau 475
Montréal, Québec H3A 1V4

LA BANQUE ROYALE DU CANADA, SUCCURSALE PRINCIPALE
1, PLACE VILLE MARIE, MONTRÉAL, QUÉ. H3C 3B5

1487

1487

PAY/ PAYEZ Deux Cent Soixante Mille Six Cent Quinze——09/100

DATE 95/10/26

AMOUNT / MONTANT $*****260,615.09

TO THE ORDER OF/ À L'ORDRE DE
Conseil Québécois des gens d'affair
2055, rue Peel #300
Montréal, Québec H3A 1V4

OPTION CANADA

SIGNATURE AUTORISÉE / AUTHORIZED SIGNATURE

001487 00001 003 161 516 0 0026061509

assainir nos finances publiques, mais on ne pourra sûrement pas le faire dans un Québec souverain.»

En effet, la politique d'intervention des entreprises privées canadiennes dans la campagne référendaire québécoise de 1995 a été appliquée dès février 1995. Le Bureau du Conseil privé, à Ottawa, a expédié aux grandes banques et entreprises canadiennes une lettre de quatre pages les exhortant à participer activement à la campagne référendaire. La lettre a été rédigée par un groupe-conseil établi en janvier 1995 qui se rapportait directement au premier ministre Jean Chrétien et au président du Conseil privé, le ministre Marcel Massé. La lettre demande aux entreprises de faire participer leurs cadres aux débats, de faire de la publicité corporative contenant des messages clairement favorables à «l'unité nationale» avec en toile de fond le drapeau canadien et d'autres symboles canadiens. Elle les invite à «faire ressortir les impacts économiques négatifs» et à passer des messages où les menaces sont à peine voilées[26].

En réponse à cette commande du Conseil privé de la Reine — et avec son argent — Ghislain Dufour, Marcel Dutil,

26. *The Globe and Mail*, 21 février 1995, p. A-1.

Laurent Beaudoin, Raymond Cyr, Francis Fox, Yves Fortier, Guy Saint-Pierre, Philip O'Brien, Jean Monty, lanceront, dès le 14 février 1995, le Conseil québécois des gens d'affaires pour le Canada de même qu'un manifeste qui, selon les mots du journaliste Jean Chartier, « ressemble à une nouvelle version du petit catéchisme ». Les 35 dirigeants d'entreprise signataires du manifeste disent en chœur : « Nous croyons à la force des grands ensembles. Nous croyons au Québec. Nous croyons au Canada. Nous croyons au Québec dans le Canada. Nous croyons au dynamisme des Québécois. Nous croyons en leur capacité d'initiative et en leur ingéniosité. [...] Nous croyons à l'action complémentaire des deux ordres de gouvernement, à savoir le gouvernement provincial et le gouvernement fédéral. [...] Nous sommes contre l'indépendance du Québec[27]. »

Lorsque ces grands entrepreneurs ont mis sur pied le Conseil québécois des gens d'affaires pour le Canada, ils savaient fort bien qu'ils n'avaient pas le droit de dépenser de l'argent après le décret ordonnant la tenue du référendum. En conférence de presse le 15 février 1995, Ghislain Dufour, qui était aussi président du Conseil du patronat du Québec, a précisé que la nouvelle organisation interviendrait à de nombreuses occasions « d'ici à l'émission des brefs du référendum », et qu'elle se saborderait pour adhérer au parapluie du NON, dont les dépenses étaient réglementées. « On ne peut plus faire de dépenses par la suite, donc il n'y a pas lieu de continuer nos activités[28]. » Or les entourloupettes de ce groupe avec Option Canada indiquent que la vérité est tout autre.

Dès son lancement, le Conseil a bénéficié pleinement des largesses de l'État canadien. Avant de recevoir les premiers chèques d'Option Canada, selon la déclaration des résultats du CQGAC trouvée dans la boîte de documents d'Option Canada, le Conseil pour l'unité canadienne a versé à ce groupe de champions de l'entreprise privée 253 000 $ venant de l'argent public. On doit conclure que, puisque le Conseil pour l'unité canadienne est un organisme de bienfaisance non partisan qui doit rendre des comptes, il était important que toutes les factures entourant le référendum passent par la mystérieuse

---

27. *Le Devoir*, 15 février 1995, p. B-2.

28. *Ibid.*

Option Canada qui, elle, pouvait échapper à l'examen du directeur général des élections et qui n'avait à rendre de comptes qu'au ministre du Patrimoine canadien, soit Michel Dupuy jusqu'en janvier 1996 et Sheila Copps après janvier 1996. Ces deux ex-ministres ont toujours refusé d'en parler.

Puisque la stratégie du camp du NON consistait à montrer une sorte d'unanimité des gens d'affaires contre la souveraineté du Québec, d'autres coups de pouce financiers d'Option Canada ont été requis. Craignant des salles défavorables lors des conférences du chef du NON Daniel Johnson devant des gens d'affaires de la Chambre de commerce de l'Est de Montréal le mardi 24 octobre et devant la Jeune Chambre de commerce de Montréal le mercredi 25 octobre, une semaine clé pour le Comité du NON, Option Canada est venue à la rescousse. En effet, pour chaque occasion, Option Canada a défrayé le repas et l'événement pour quarante convives favorables au NON. On apprend des journaux que le chef du NON a reçu un bon accueil aux deux endroits, et même une ovation. Coût de cet accueil favorable mais non comptabilisé par le Comité pour le NON : 3 030 $.

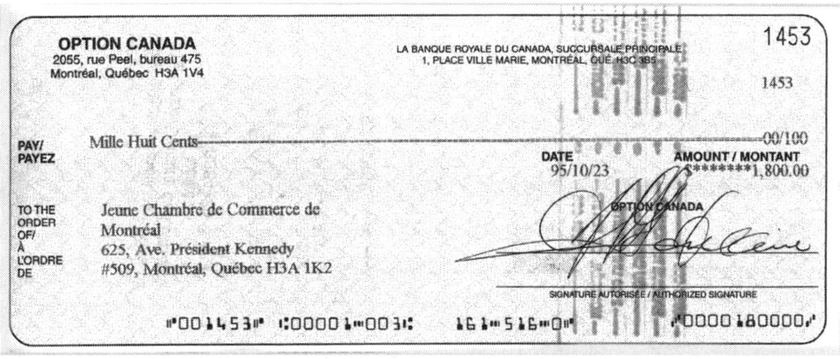

1453

OPTION CANADA
2055, rue Peel, bureau 475
Montréal, Québec H3A 1V4

LA BANQUE ROYALE DU CANADA, SUCCURSALE PRINCIPALE
1, PLACE VILLE MARIE, MONTRÉAL, QUÉ. H3C 3B5

1453

PAY/ PAYEZ Mille Huit Cents------00/100

DATE 95/10/23 AMOUNT / MONTANT $*******1,800.00

TO THE ORDER OF/ À L'ORDRE DE
Jeune Chambre de Commerce de
Montréal
625, Ave. Président Kennedy
#509, Montréal, Québec H3A 1K2

OPTION CANADA

SIGNATURE AUTORISÉE / AUTHORIZED SIGNATURE

001453 00001-003 161-516-0 0000180000

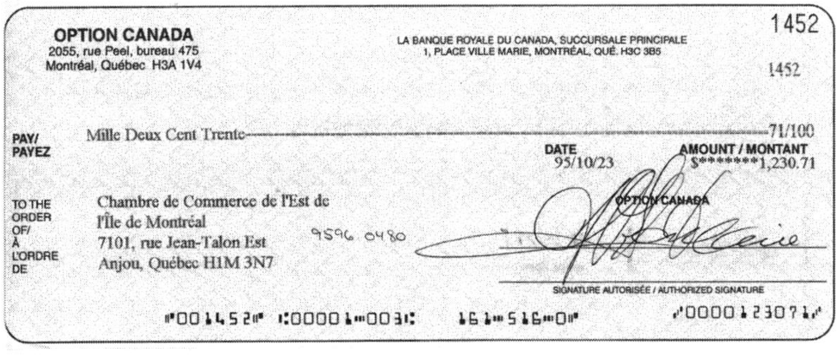

1452

OPTION CANADA
2055, rue Peel, bureau 475
Montréal, Québec H3A 1V4

LA BANQUE ROYALE DU CANADA, SUCCURSALE PRINCIPALE
1, PLACE VILLE MARIE, MONTRÉAL, QUÉ. H3C 3B5

1452

PAY/ PAYEZ Mille Deux Cent Trente------71/100

DATE 95/10/23 AMOUNT / MONTANT $*******1,230.71

TO THE ORDER OF/ À L'ORDRE DE
Chambre de Commerce de l'Est de
l'Île de Montréal
7101, rue Jean-Talon Est
Anjou, Québec H1M 3N7

9596 0480

OPTION CANADA

SIGNATURE AUTORISÉE / AUTHORIZED SIGNATURE

001452 00001-003 161-516-0 0000123071

Notons que pour des dîners-causeries organisés plus tôt durant la campagne référendaire, c'était le Comité pour le NON qui s'était assuré de remplir la salle et de payer les réservations des gens favorables au NON. Le 4 octobre, par exemple, le Comité pour le NON a acheté des billets au coût de 1 950 $ pour démontrer la force du NON lorsque Daniel Johnson a prononcé une conférence devant l'Association des femmes d'affaires du Québec. Même chose le 18 octobre devant la Chambre de commerce de Vaudreuil-Dorion : le Comité pour le NON a payé 1 000 $ pour des billets permettant d'assister à la conférence de Daniel Johnson. On peut conclure que l'argent commençait à manquer au Comité pour le NON vers la fin de la campagne, alors que le OUI semblait voguer vers la victoire. La solution : faire payer les billets par la caisse occulte d'Option Canada.

Une question à laquelle nous n'avons pas eu de réponse est la suivante : qui a demandé à la Chambre de commerce de l'Est de Montréal et à la Jeune Chambre de commerce de Montréal d'envoyer leur facture à Option Canada plutôt qu'au Comité pour le NON ?

Dans les pages suivantes

- lettre du président du Conseil québécois des gens d'affaires pour le Canada pour obtenir d'Option Canada le financement prévu, suivie d'une facture de ce conseil bidon ;
- extrait du grand livre d'Option Canada portant sur le Conseil des gens d'affaires pour le Canada ;
- facture payée par Option Canada pour 40 sièges à un déjeuner conférence du chef du Comité pour le NON, Daniel Johnson, organisé par la Chambre de commerce de l'Est de Montréal ;
- invitation à un « déjeuner-causerie » de Daniel Johnson à la Jeune Chambre de commerce de Montréal, où Option Canada a payé les billets de 40 partisans du NON.

CONSEIL QUÉBÉCOIS
DES GENS D'AFFAIRES
POUR LE CANADA

Le 12 octobre 1995

Monsieur Jocelyn Beaudoin
Vice-président exécutif
Le Conseil pour l'unité canadienne
1800, McGill College
Montréal (Québec)

Cher Jocelyn,

Vous trouverez en annexe notre facture numéro 5 qui correspond à la réalisation de nos mandats pour le mois de septembre 1995.

Compte tenu de la conjoncture actuelle, j'apprécierais que vous émettiez un chèque pour couvrir cette facture dans les plus brefs délais.

Le président,

pour : Pierre Côté

cc: Jean-François Viau

2055, rue Peel, bureau 300, Montréal (Québec) H3A 1V4 • Tél.: (514) 843-6494 / Télécopieur: (514) 843-9500

CONSEIL QUÉBÉCOIS
DES GENS D'AFFAIRES
POUR LE CANADA

FACTURE #5

DATE: LE 10 OCTOBRE 1995

Ä: CONSEIL DE L'UNITÉ CANADIENNE
2055 PEEL
MONTRÉAL, QC
H3A-1V4

REALISATION DE MANDATS POUR LE MOIS DE SEPTEMBRE 1995		256,600.00 $
DEDUIRE:		
PUBLICITE DE LA SEMAINE DU 24 SEPTEMBRE 1995 ASSUMEE PAR LE C.Q.G.A.C.		(27,900.00)
		228,700.00
	T.P.S. (7%)	16,009.00
	T.V.Q. (6.5%)	15,906.09
		260,615.09
ACOMPTE RECU		0.00
SOLDE DU		260,615.09 $

VÉRIFIÉ

T.P.S.: 898278775 RT

T.V.Q.: 1017970981

#5609

2055, rue Peel, bureau 300, Montréal (Québec) H3A 1V4 • Tél.: (514) 843-6494 / Télécopieur: (514) 843-9500

CONSEIL QUÉBÉCOIS
DES GENS D'AFFAIRES
POUR LE CANADA

FACTURE #4

DATE: LE 12 SEPTEMBRE 1995

Ä: CONSEIL DE L'UNITÉ CANADIENNE
2055 PEEL
MONTRÉAL, QC
H3A-1V4

REALISATION DE MANDATS POUR LE MOIS D'AOUT 1995		60,600.00 $
	T.P.S. (7%)	4,242.00
	T.V.Q. (6.5%)	4,214.73
		69,056.73
ACOMPTE RECU		0.00
SOLDE DU		69,056.73 $

T.P.S.: 898278775 RT

T.V.Q.: 1017970981

VÉRIFIÉ

2055, rue Peel, bureau 300, Montréal (Québec) H3A 1V4 • Tél.: (514) 843-6494 / Télécopieur: (514) 843-9500

RÉFÉRENDUM 1995

Jeune
Chambre de
Commerce de Montréal

La Jeune Chambre de Commerce de Montréal présente dans le cadre de ses déjeuners-causeries

Le mercredi 25 octobre 1995 à 11 h 45

M. Daniel Johnson
Chef de l'Opposition
officielle du Québec
Chef du Comité des Québécois
et Québécoises pour le NON

R.S.V.P.: (514) 845-4951
avant le 20 octobre 1995

Le Centre Sheraton — 1201, boul. René-Lévesque Ouest
Membre: 45 $ Non-membre: 50 $ Table de huit: 360 $ (taxes incluses)

LA JEUNE CHAMBRE DE COMMERCE DE MONTRÉAL — 625, AVENUE PRÉSIDENT-KENNEDY, BUREAU 509, MONTRÉAL (QUÉBEC) H3A 1K2

Nous remercions nos commanditaires:

Price Waterhouse La Presse *Martineau Walker*

DESIGN: GROUPE 3 COMMUNICATION MARKETING

625, Président Kennedy - Suite 509 Montréal 845-4951.

Ref: Lise Larose

1800.00 - 5 tables

5606	**Projet #6 CGA**					0.00 Dr
95-09-15	Conseil Québécois des gens d'...	3	J154	12 600.00	-	12 600.00 Dr
95-09-19	Conseil Québécois des gens d'...	4	J175	60 600.00	-	73 200.00 Dr
95-09-27	Samen Investments Inc.	73714	J393	583.33	-	73 783.33 Dr
95-10-26	Conseil Québécois des gens d'...	5	J1011	228 700.00	-	302 483.33 Dr
95-11-30	Le Conseil pour l'Unité Canad...	30/11	J1371	-	302 483.33	0.00 Dr

chambre de
commerce
de
l'Est
de
l'île de
Montréal

FACTURE

Statut	Monsieur J. René Lemaire	**Date**	95.10.23
	Directeur général	**No facture**	9596.0480
No membre	Option Canada	**No TPS**	R123-028-987
	2055, rue Peel, bureau 475 Montréal (Québec) H3A 1V4	**No TVQ**	1006-458-820

Référence Midi-conférence du 24 octobre 1995

Détail	**Coût**
40 repas à 15 $ chacun	600,00 $
40 événements à 12 $ chacun	480,00 $
Conférencier invité : Daniel Johnson	

Termes et conditions
SUR RÉCEPTION

Veuillez rappeler le numéro de la présente facture sur votre chèque.

Sous total	1 080,00 $
TPS 7%	75,60 $
Total	1 155,60 $
TVQ 6,5%	75,11 $
Grand total	**1 230,71 $**
Acompte	
Montant dû	1 230,71 $

Bureau 702
7101, rue Jean-Talon Est
Anjou (Québec) H1M 3N7

Téléphone : 354 5378
Télécopieur : 355 0560

CHAPITRE 6

« Bénévoles » payés avec l'argent public au nom des « valeurs canadiennes »

Plus on remue la merde, plus elle pue !

Qui ne se souvient pas de Tony Mignacca, cet organisateur politique, collaborateur de toujours de l'ancien ministre Alfonso Gagliano et vieux complice, si l'on peut dire, de Joe Morselli, quand il témoignait devant la Commission Gomery en mai 2005 au sujet du détournement d'argent public pour payer notamment des travailleurs d'élection « bénévoles », avec de l'argent comptant ? Ce même Tony Mignacca faisait partie de la bande de dix militants du Parti libéral du Canada sacrifiés sur la place publique par Paul Martin, qui tentait ainsi de se refaire une virginité. Quel châtiment horrible ! Paul Martin a puni Tony Mignacca et neuf autres membres en les bannissant à vie du Parti libéral du Canada. Nous verrons, en effet, que le mauvais pli — la Commission Gomery en ayant dévoilé quelques éléments — a pris sa forme dès 1995 pendant la campagne référendaire.

Tony Mignacca a signé un contrat le 31 août 1995 avec Option Canada, organisme n'existant pourtant pas encore officiellement, dans le cadre d'un mystérieux programme intitulé Programme des valeurs canadiennes.

Le document signé se lit comme suit :

> « J'accepte par la présente d'agir à titre d'animateur pour la formation des citoyens sur les institutions canadienne au nom d'Option Canada.

Il est entendu que je dirigerai des séances d'animation et de formation dans le territoire qui me sera assigné contre rémunération de 10 500 $. Mes honoraires me seront versés en quatre versements soit, le 15 et le 30 de chaque mois. Mon présent mandat débutera le 1er septembre et se terminera le 31 octobre 1995. »

Un contrat avec une belle rémunération pour former des citoyens sur les institutions canadiennes en pleine campagne référendaire, par un valeureux Canadien admiré dans sa communauté. Déjà, ça sent mauvais.

Option Canada a, en effet, signé des contrats similaires donnant des mandats pour la même mission à une cinquantaine de personnes réparties un peu partout au Québec, soit à Québec, à Sherbrooke, à Trois-Rivières, en Beauce, à Montréal, et ailleurs. Le total octroyé par Option Canada à ce poste d'« animation » pendant la campagne référendaire a atteint près de 300 000 $. Même Pierre S. Pettigrew a réussi à soutirer un autre 3 000 $.

Voici un aperçu de ce que nous avons appris sur la promotion des valeurs canadiennes pendant la campagne référendaire de 1995.

Selon les documents d'Option Canada, Lise St-Martin de Ste-Foy a fait partie de la fournée d'animateurs et d'animatrices qui auraient travaillé à la promotion des valeurs canadiennes pendant la campagne référendaire. Selon le contrat daté du 31 août, Mme St-Martin devait toucher 6 800 $ d'Option Canada et, selon le grand livre d'Option Canada, elle a bel et bien reçu ce montant. Nous l'avons jointe au téléphone chez elle le 12 décembre 2005.

Mme St-Martin : « Pendant la campagne référendaire, j'ai travaillé en communications pour le NON, pour le Parti libéral du Québec. Oui, j'ai été payée par le parti pour le travail, un montant d'environ 5 000 $. »

Vous vous rappelez d'avoir signé un contrat avec Option Canada ?

« Non je ne me rappelle pas de ça[29]. » Fin de l'entrevue !

À en juger par cette courte entrevue, les « valeurs canadiennes » d'Option Canada semblent être du même genre que celles qui s'achetaient au moyen d'enveloppes brunes et de liasses de billets, gracieuseté du Programme des commandites et qui se

29. Entrevue téléphonique avec Lise St-Martin, 12 décembre 2005.

Montréal, le 31 août 1995

OPTION CANADA
2055, rue Peel
Suite 475
Montréal, Québec
H3A 1V4

Objet: **Programme des valeurs canadiennes**

Monsieur,

J'accepte par la présente d'agir à titre d'animateur pour la formation des citoyens sur les institutions canadiennes au nom d' Option Canada.

Il est entendu que je dirigerai des séances d'animation et de formation dans le territoire qui me sera assigné contre rémunération de 10,500$. Mes honoraires me seront versés en quatre versements soit, le 15 et le 30 de chaque mois. Mon présent mandat débutera le 1er septembre et se terminera le 31 octobre 1995.

J'accepte que Option Canada se réserve le droit d'annuler ce contrat, à sa discrétion, et sans motif, en tout temps et sans préavis, et sans responsabilité de sa part autre que le versement qui me serait dû en vertu de ce contrat si ce dernier n'avait pas été ainsi annulé.

Advenant l'annulation de ce contrat et sur paiement du solde des montants qui me sont dûs à la suite de son annulation par Option Canada tel que ci-haut stipulé, je renonce à tous dommages contre Option Canada.

SIGNATURE...

TONY MIGNACCA
8360, rue Laferte
St-Léonard (Québec) H1P 2N9

Tél.:
N.A.S.: 204-023-436

OPTION CANADA

PAR:

OPTION CANADA
2055, rue Peel, bureau 475
Montréal, Québec H3A 1V4

LA BANQUE ROYALE DU CANADA, SUCCURSALE PRINCIPALE
1, PLACE VILLE MARIE, MONTRÉAL, QUÉ. H3C 3B5

1372

1372

PAY/ PAYEZ Trois Mille Quatre Cents--00/100

DATE 95/10/16

AMOUNT / MONTANT $*******3,400.00

TO THE ORDER OF/ À L'ORDRE DE
St-Martin, Lise
2666, Place Vigneault
Ste-Foy, Québec G1W 1X5

OPTION CANADA

SIGNATURE AUTORISÉE / AUTHORIZED SIGNATURE

⑈001372⑈ ⑆00001⑉003⑆ 161⑉516⑉0⑈ 36 ⑇0000340000⑇

résument comme suit : payer les travailleurs d'élection libéraux et fédéralistes « bénévoles » avec de l'argent détourné d'un programme ayant de tout autres objectifs !

René Goyette du Cap de la Madeleine a également travaillé pour le Comité pour le NON. Dans son cas, il a travaillé d'abord pour le Conseil pour l'unité canadienne pendant « huit ou neuf mois, si je me rappelle bien, pour mettre la structure en place dans les comtés pour le Comité pour le NON[30]. » Nous l'avons joint chez lui le 13 décembre 2005, au lendemain de l'élection partielle du 12 décembre dans le comté de Verchères où M. Goyette avait travaillé pour le candidat défait du Parti libéral du Québec, Jean Robert. En vertu de son contrat de promotion des « valeurs canadiennes », Option Canada a payé M. Goyette pendant toute la campagne référendaire jusqu'au 31 octobre 1995, lendemain du référendum. Le coût de ce travail partisan « bénévole » payé par les contribuables : 6 800 $.

Deborah Hook de Charlesbourg a travaillé bénévolement pour le NON pendant la campagne référendaire comme dans toutes les autres campagnes électorales, parce que « je suis fédéraliste ». Elle dit qu'elle a été bénévole et qu'elle n'a pas été payée[31]. Or, les documents d'Option Canada démontrent qu'elle a signé un contrat avec ce groupe pour faire de l'animation sur les « valeurs canadiennes » pendant toute la campagne référendaire et qu'elle a encaissé des chèques d'Option Canada au montant de 3 000 $.

Gratien Parenteau de Brossard : « J'ai travaillé comme bénévole pendant la campagne référendaire pour le NON[32]. »

Avez-vous reçu des chèques d'Option Canada ?

M. Parenteau : « Non, je n'ai pas été payé pour le référendum. »

Nous avons des chèques faits à votre nom pour 6 650 $ par Option Canada pendant la campagne référendaire et vous les avez encaissés.

M. Parenteau : « Je n'ai pas envie de vous répondre. Envoyez-moi la police et je vais répondre. »

30. Entrevue téléphonique avec René Goyette, 13 décembre 2005.

31. Entrevue téléphonique avec Deborah Hook, 14 décembre 2005.

32. Entrevue téléphonique avec Gratien Parenteau, 14 décembre 2005.

Mme Josée Guillemette a signé un contrat similaire pour la promotion des valeurs canadiennes pendant la période référendaire. Option Canada l'a payée 14 000 $, que le Comité pour le NON n'a pas comptabilisés. Or, les factures soumises dans le rapport officiel du Comité pour le NON démontrent que Mme Guillemette travaillait au Service des communications du Comité des Québécoises et Québécois pour le NON à Québec pendant la campagne référendaire.

Denis Tardif de Scoop Communications à Notre-Dame-du-Portage, près de Rivière-du-Loup, était aussi un contractuel d'Option Canada pendant la campagne référendaire, au nom des valeurs canadiennes (9 600 $). Son entreprise a également facturé au Comité pour le NON, entre autres, des frais pour « élaboration des stratégies, consultation et suivi des médias ».

Guy Paquin de Québec a également été payé par Option Canada pour promouvoir les valeurs canadiennes pendant le référendum. Des documents du rapport officiel du Comité pour le NON démontrent qu'il travaillait au bureau du Comité pour le NON à Québec et qu'il était, entre autres, celui qui recevait, au nom de ce comité, du matériel de publicité pour le NON.

Par la répartition géographique des « bénévoles » payés par Option Canada, on peut présumer que l'objectif de l'opération était de combler l'absence de représentants politiques élus du Parti libéral du Canada et pallier la faiblesse du Parti libéral du Québec dans plusieurs régions du Québec. Rappelons que, en 1993, le Bloc Québécois avait remporté l'élection dans 54 des 75 circonscriptions du Québec, laissant une députation libérale concentrée principalement dans les régions de Montréal et de l'Outaouais. Le Parti libéral du Québec n'était guère plus fort, lui aussi fortement concentré dans l'Ouest de Montréal. Sans député, il va de soi que plusieurs organisations de comtés libérales se trouvaient décimées à la veille du référendum, et ce n'est qu'avec l'argent qu'on pouvait les rebâtir. Il est donc doublement ironique de constater que l'argent octroyé pour un programme canadien d'appui à la dualité linguistique au Québec a fini par être consacré presque exclusivement à des régions éloignées de l'endroit où la communauté linguistique qui devait être appuyée était concentrée, soit à Montréal.

Il est fort probable que si nous poursuivions la recherche auprès de tous les « bénévoles » payés, nous verrions que la très grande majorité était constituée des travailleurs d'élection. Par ailleurs, selon d'autres sources, ces « bénévoles » n'ont pas seulement été payés selon leurs contrats, mais ils ont également reçu de l'argent pour leurs dépenses. Après la fin de la campagne, le 11 novembre 1995, ils ont tous été fêtés à l'occasion d'un banquet avec « bar ouvert » au Château Vaudreuil dans le comté du chef du Comité pour le NON, M. Daniel Johnson. M. Johnson y a participé.

L'objet de cet exercice n'est pas nécessairement de démontrer la culpabilité de chaque individu qui a voulu s'engager dans la campagne référendaire pour défendre ses idées ou se faire payer pour son travail, mais plutôt de démontrer que des apprentis sorciers fédéralistes, ayant entre les mains des montants d'argent public considérables, étaient prêts à tout faire pour battre le OUI : violer la loi en dépensant de l'argent pour une campagne sans y être autorisés, du moins officiellement, par l'agent officiel du Comité pour le NON, détourner des fonds publics octroyés à d'autres fins pour organiser des activités partisanes, corrompre de simples militants en les amenant eux aussi à enfreindre la loi et à bafouer honteusement la démocratie. Les contrats signés par Option Canada pour faire la promotion des valeurs canadiennes constituent une preuve incontournable de la volonté des dirigeants d'Option Canada et du Conseil pour l'unité canadienne de violer la loi québécoise pendant le référendum.

En tant que journalistes, nous avons eu des difficultés à obtenir des réponses franches et claires sur l'utilisation de l'argent public par Option Canada pendant la campagne référendaire. Cette difficulté illustre encore une fois la nécessité d'instituer une commission d'enquête publique pour faire toute la lumière sur les magouilles référendaires de 1995 et déterminer une fois pour toutes lesquels des dirigeants du Comité des Québécoises et des Québécois pour le NON étaient partie prenante à ces actes illégaux. Nous nous pencherons sur cette question dans le chapitre 8.

Dans les pages suivantes

- contrats signés pour la période référendaire dans le cadre du Programme des valeurs canadiennes d'Option Canada ; une cinquantaine de « bénévoles » ont été payés par Option Canada pour travailler à temps plein pour le NON ;
- factures officielles payées par le Comité pour le NON démontrant que Josée Guillemette et Guy Paquin travaillaient pour le NON alors qu'ils étaient payés illégalement par Option Canada pour promouvoir les « valeurs canadiennes ».

Montréal, le 31 août 1995

OPTION CANADA
2055, rue Peel
Suite 475
Montréal, Québec
H3A 1V4

Objet: Programme des valeurs canadiennes

Monsieur,

J'accepte par la présente d'agir à titre d'animateur pour la formation des citoyens sur les institutions canadiennes au nom d' Option Canada.

Il est entendu que je dirigerai des séances d'animation et de formation dans le territoire qui me sera assigné contre rémunération de 6,800$. Mes honoraires me seront versés en quatre versements soit, le 15 et le 30 de chaque mois. Mon présent mandat débutera le 1er septembre et se terminera le 31 octobre 1995.

J'accepte que Option Canada se réserve le droit d'annuler ce contrat, à sa discrétion, et sans motif, en tout temps et sans préavis, et sans responsabilité de sa part autre que le versement qui me serait dû en vertu de ce contrat si ce dernier n'avait pas été ainsi annulé.

Advenant l'annulation de ce contrat et sur paiement du solde des montants qui me sont dûs à la suite de son annulation par Option Canada tel que ci-haut stipulé, je renonce à tous dommages contre Option Canada.

SIGNATURE..........

LISE ST-MARTIN
[redacted]

Tél.: ([redacted]
N.A.S.[redacted]

OPTION CANADA

PAR:

Montréal, le 1er septembre 1995

OPTION CANADA
2055, rue Peel
Suite 475
Montréal, Québec - H3A 1V4

Objet: Programme des valeurs canadiennes

Monsieur,

J'accepte par la présente d'agir à titre d'animateur pour la formation des citoyens sur les institutions canadiennes au nom d' Option Canada.

Il est entendu que je dirigerai des séances d'animation et de formation dans le territoire qui me sera assigné contre rémunération de 3,000$. Mes honoraires me seront versés en quatre versements soit, le 15 et le 30 de chaque mois. Mon présent mandat débutera le 1er septembre et se terminera le 31 octobre 1995.

J'accepte que Option Canada se réserve le droit d'annuler ce contrat, à sa discrétion, et sans motif, en tout temps et sans préavis, et sans responsabilité de sa part autre que le versement qui me serait dû en vertu de ce contrat si ce dernier n'avait pas été ainsi annulé.

Advenant l'annulation de ce contrat et sur paiement du solde des montants qui me sont dûs à la suite de son annulation par Option Canada tel que ci-haut stipulé, je renonce à tous dommages contre Option Canada.

SIGNATURE ....

DEBORAH HOOK
[redacted]

N.A.S.: [redacted]

OPTION CANADA

PAR:

Montréal, le 31 août 1995

CONSEIL POUR L'UNITÉ CANADIENNE
2055, rue Peel
Suite 475
Montréal, Québec
H3A 1V4

Objet: Programme des valeurs canadiennes

Monsieur,

J'accepte par la présente d'agir à titre d'animateur pour la formation des citoyens sur les institutions canadiennes au nom du Conseil pour l'unité canadienne dans le cadre du programme Option Canada.

Il est entendu que je dirigerai des séances d'animation et de formation dans le territoire qui me sera assigné contre rémunération de 6,650$. Mes honoraires me seront versés en quatre versements soit, le 15 et le 30 de chaque mois. Mon présent mandat débutera le 1er septembre et se terminera le 31 octobre 1995.

J'accepte que le Conseil se réserve le droit d'annuler ce contrat, à sa discrétion, et sans motif, en tout temps et sans préavis, et sans responsabilité de sa part autre que le versement qui me serait dû en vertu de ce contrat si ce dernier n'avait pas été ainsi annulé.

Advenant l'annulation de ce contrat et sur paiement du solde des montants qui me sont dûs à la suite de son annulation par le Conseil tel que ci-haut stipulé, je renonce à tous dommages contre le Conseil pour l'unité canadienne.

SIGNATURE ....

GRATIEN PARENTEAU
[redacted]

VÉRIFIÉ

Tél.: ([redacted]
N.A.S. [redacted]

LE CONSEIL POUR L'UNITÉ CANADIENNE

PAR:

5847

Montréal, le 31 août 1995

CONSEIL POUR L'UNITÉ CANADIENNE
2055, rue Peel
Suite 475
Montréal, Québec
H3A 1V4

Objet: **Programme des valeurs canadiennes**

Monsieur,

J'accepte par la présente d'agir à titre d'animateur pour la formation des citoyens sur les institutions canadiennes au nom du Conseil pour l'unité canadienne dans le cadre du programme Option Canada.

Il est entendu que je dirigerai des séances d'animation et de formation dans le territoire qui me sera assigné contre rémunération de 9,600$. Mes honoraires me seront versés en quatre versements soit, le 15 et le 30 de chaque mois. Mon présent mandat débutera le 1er septembre et se terminera le 31 octobre 1995.

J'accepte que le Conseil se réserve le droit d'annuler ce contrat, à sa discrétion, et sans motif, en tout temps et sans préavis, et sans responsabilité de sa part autre que le versement qui me serait dû en vertu de ce contrat si ce dernier n'avait pas été ainsi annulé.

Advenant l'annulation de ce contrat et sur paiement du solde des montants qui me sont dûs à la suite de son annulation par le Conseil tel que ci-haut stipulé, je renonce à tous dommages contre le Conseil pour l'unité canadienne.

SIGNATURE ....

SCOOP - COMMUNICATION
A/S DENIS TARDIF
[redacted]

VÉRIFIÉ

TVQ: 1015778969 TQ0001
TPS: 135855732

Tél.:
N.A.S.:

LE CONSEIL POUR L'UNITÉ CANADIENNE

PAR:

Montréal, le 31 août 1995

OPTION CANADA
2055, rue Peel
Suite 475
Montréal, Québec
H3A 1V4

Objet: Programme des valeurs canadiennes

Monsieur,

J'accepte par la présente d'agir à titre d'animateur pour la formation des citoyens sur les institutions canadiennes au nom d' Option Canada.

Il est entendu que je dirigerai des séances d'animation et de formation dans le territoire qui me sera assigné contre rémunération de 14,000$. Mes honoraires me seront versés en quatre versements soit, le 15 et le 30 de chaque mois. Mon présent mar ´ t débutera le 1er septembre et se terminera le 31 octobre 1995.

J'accepte que Option Canada se réserve le droit d'annuler ce contrat, à sa discrétion, et sans motif, en tout temps et sans préavis, et sans responsabilité de sa part autre que le versement qui me serait dû en vertu de ce contrat si ce dernier n'avait pas été ainsi annulé.

Advenant l'annulation de ce contrat et sur paiement du solde des montants qui me sont dûs à la suite de son annulation par Option Canada tel que ci-haut stipulé, je renonce à tous dommages contre Option Canada.

SIGNATURE ....

JOSÉE GUILLEMETTE
[redacted]

VÉRIFIÉ

Tél.: [redacted]
N.A.S [redacted]

OPTION CANADA

PAR: ....

#5846

Facture

Facture officielle payée par le Comité pour le Non

SCOOP COMMUNICATION INC.

STRATÉGIE
GESTION
DÉVELOPPEMENT

1481

FACTURE 463

557, ROUTE DU FLEUVE
NOTRE-DAME-DU-PORTAGE (QUÉBEC)
G0L 1Y0
(418) 862-7827

Le 20 octobre 1995

Madame Josée Guillemette
Service des Communications
Comité pour les Québécoises
et Québécois pour le Non
1795, boulevard Hamel
Québec (Québec)
G1N 3Y9

DOIT A :

SCOOP COMMUNICATION

Au 95-10-20
- Rencontre de travail et élaboration de stratégies
- Consultation
- Suivi médias

SOUS-TOTAL :	**3 510,15 $**
T.P.S. :	**245,72 $**
T.V.Q. :	**244,13 $**
GRAND TOTAL :	**4 000 $**

T.P.S. : 135 855 732
T.V.Q. : 101 577 8969 TQ 0001

Montréal, le 31 août 1995

OPTION CANADA
2055, rue Peel
Suite 475
Montréal, Québec
H3A 1V4

Objet: Programme des valeurs canadiennes

Monsieur,

J'accepte par la présente d'agir à titre d'animateur pour la formation des citoyens sur les institutions canadiennes au d' Option Canada.

Il est entendu que je dirigerai des séances d'animation et de formation dans le territoire qui me sera assigné contre rémunération de 6,650$. Mes honoraires me seront versés en quatre versements soit, le 15 et le 30 de chaque mois. Mon présent mandat débutera le 1er septembre et se terminera le 31 octobre 1995.

J'accepte que Option Canada se réserve le droit d'annuler ce contrat, à sa discrétion, et sans motif, en tout temps et sans préavis, et sans responsabilité de sa part autre que le versement qui me serait dû en vertu de ce contrat si ce dernier n'avait pas été ainsi annulé.

Advenant l'annulation de ce contrat et sur paiement du solde des montants qui me sont dûs à la suite de son annulation par Option Canada tel que ci-haut stipulé, je renonce à tous dommages contre Option Canada.

SIGNATURE ....

GUY PAQUIN
[redacted]

Tél.: [redacted]
N.A.S. [redacted]

OPTION CANADA

PAR: ____________________

Reproduction de photos Cartier inc.

CARTIER

725, Côte d'Abraham
Québec, Qc
G1R 1A2
Tél.:(418)522-5636
Fax:(418)522-2530

FACTURE

Nº TPS R 104 481 221
Nº TVQ 1000827513TQ0001MK

749.1

VENDU A: PARTI LIBERAL DU QUEBEC
BENOIT SAVARD
1795, BOUL. HAMEL
QUEBEC
G1N 3Y9

favoeur

LIVRE A: GUY PAQUIN

DATE	Nº du Client	TERR.	LIC. DE TAXE DE VEN. FED.	LIC. DE TAXE DE VEN. PROV.	VIA	Nº FACT.
95/09/26	27077	03				086457

Nº CONTROLE	Nº DU TRAVAIL	Nº DE REQUISITION	Nº DE COMMANDE	
009340	046219			NET 30 JOURS

DEPT. Nº	QUANT. ORG.	QUANT. REP.	QUANT. TOTAL	DESCRIPTION	FORMAT	PIED CARRÉ TOTAL	PRIX A L'UNITÉ		MONTANT
7			20	PANNEAUX 3'X8' SUR COROPLAST ,2 COULEURS			65.00 CH		1,300.00

SOUS-TOTAL		TAXE FEDERALE %	MONT.	TAXE PROVINCIALE %	MONT.		TRANS.	TOTAL
1,300.00		7.00	91.00	6.50	90.42			1,481.42

Facture officielle payée par le NON

OPTION CANADA
2055, rue Peel, bureau 475
Montréal, Québec H3A 1V4

LA BANQUE ROYALE DU CANADA, SUCCURSALE PRINCIPALE
1, PLACE VILLE MARIE, MONTRÉAL, QUÉ. H3C 3B5

1364

1364

PAY/ PAYEZ Trois Mille Trois Cent Vingt Cinq------------------------------00/100

DATE 95/10/16 AMOUNT / MONTANT $*******3,325.00

TO THE ORDER OF/ À L'ORDRE DE
Parenteau, Gratien
1865, Croissant-Sauvé
Brossard, Québec J4X 1L9

OPTION CANADA

SIGNATURE AUTORISÉE / AUTHORIZED SIGNATURE

⑈001364⑈ ⑆00001⑉003⑆ 161⑉516⑉0⑈ 36 ⑈0000332500⑈

OPTION CANADA
2055, rue Peel, bureau 475
Montréal, Québec H3A 1V4

LA BANQUE ROYALE DU CANADA, SUCCURSALE PRINCIPALE
1, PLACE VILLE MARIE, MONTRÉAL, QUÉ. H3C 3B5

1361

1361

PAY/ PAYEZ Cinq Mille Deux Cent Cinquante------------------------------00/100

DATE 95/10/16 AMOUNT / MONTANT $*******5,250.00

TO THE ORDER OF/ À L'ORDRE DE
Mignacca Tony
8360, rue Laferte
St-Léonard, Québec H1P 2N9

OPTION CANADA

SIGNATURE AUTORISÉE / AUTHORIZED SIGNATURE

⑈001361⑈ ⑆00001⑉003⑆ 161⑉516⑉0⑈ 36 ⑈0000525000⑈

OPTION CANADA
2055, rue Peel, bureau 475
Montréal, Québec H3A 1V4

LA BANQUE ROYALE DU CANADA, SUCCURSALE PRINCIPALE
1, PLACE VILLE MARIE, MONTRÉAL, QUÉ. H3C 3B5

1353

1353

PAY/ PAYEZ Mille Cinq Cents------------------------------00/100

DATE 95/10/16 AMOUNT / MONTANT $*******1,500.00

TO THE ORDER OF/ À L'ORDRE DE
Hook, Deborah
825-60e rue est
Charlesbourg, Québec G1H 2C4

OPTION CANADA

SIGNATURE AUTORISÉE / AUTHORIZED SIGNATURE

⑈001353⑈ ⑆00001⑉003⑆ 161⑉516⑉0⑈ 36 36 ⑈0000150000⑈

OPTION CANADA
2055, rue Peel, bureau 475
Montréal, Québec H3A 1V4

LA BANQUE ROYALE DU CANADA, SUCCURSALE PRINCIPALE
1, PLACE VILLE MARIE, MONTRÉAL, QUÉ. H3C 3B5

1348

1348

PAY/ PAYEZ Quatre Mille Deux Cents------------------------------00/100

DATE 95/10/16 AMOUNT / MONTANT $*******4,200.00

TO THE ORDER OF/ À L'ORDRE DE
Goyette, René
38, rue Rochefort
Cap-de-la-Madelein, Québec G8T 7H8

OPTION CANADA

SIGNATURE AUTORISÉE / AUTHORIZED SIGNATURE

⑈001348⑈ ⑆00001⑉003⑆ 161⑉516⑉0⑈ ⑈0000420000⑈

Montréal, le 31 août 1995

OPTION CANADA
2055, rue Peel
Suite 475
Montréal, Québec
H3A 1V4

Objet: **Programme des valeurs canadiennes**

Monsieur,

J'accepte par la présente d'agir à titre d'animateur pour la formation des citoyens sur les institutions canadiennes au nom d' Option Canada.

Il est entendu que je dirigerai des séances d'animation et de formation dans le territoire qui me sera assigné contre rémunération de 5,000$. Mes honoraires me seront versés en quatre versements soit, le 15 et le 30 de chaque mois. Mon présent mandat débutera le 1er septembre et se terminera le 31 octobre 1995.

J'accepte que Option Canada se réserve le droit d'annuler ce contrat, à sa discrétion, et sans motif, en tout temps et sans préavis, et sans responsabilité de sa part autre que le versement qui me serait dû en vertu de ce contrat si ce dernier n'avait pas été ainsi annulé.

Advenant l'annulation de ce contrat et sur paiement du solde des montants qui me sont dûs à la suite de son annulation par Option Canada tel que ci-haut stipulé, je renonce à tous dommages contre Option Canada.

SIGNATURE ....

5847

RENÉ LÉTOURNEAU
[redacted]

Tél.: [redacted]
N.A.S.:

OPTION CANADA

PAR:

CHAPITRE 7

Le bunker d'Option Canada

Plusieurs personnalités bien connues du public ont pu bénéficier de l'argent d'Option Canada pendant la campagne référendaire. On parle de Claude Dauphin, président d'Option Canada en 1995 et actuellement membre du Comité exécutif de Montréal; René Lemaire, directeur général d'Option Canada en 1995 et actuellement employé du Conseil de l'unité canadienne*; Jocelyn Beaudoin, directeur général du Conseil pour l'unité canadienne en 1995 et actuellement délégué du Québec au Bureau du Québec à Toronto; Léonce Mercier, organisateur libéral, nommé sénateur en 1996 par le premier ministre Jean Chrétien; feu le caricaturiste Ben Wicks; Jean-Luc Trahan, consultant en 1995 et directeur de cabinet du maire de Montréal Gérald Tremblay en 2005; feu Robert Desbiens, journaliste et directeur du Centre culturel canadien à Paris et Tony Mignacca, ancien organisateur politique d'Alfonso Gagliano.

Pour certains, il est difficile de savoir ce qu'ils ont fait pour mériter l'argent qui leur a été versé. Pour d'autres, nous en avons une assez bonne idée.

Aussi, d'autres personnalités ont profité du fait qu'il restait des largesses du ministère du Patrimoine à aller chercher par le truchement d'Option Canada, en 1996 et 1997. Ce sont notamment le futur ministre Jean-Marc Fournier, député

* En 1995, Conseil **pour** l'unité canadienne. Aujourd'hui, le CUC s'appelle le Conseil **de** l'unité canadienne.

libéral à l'Assemblée nationale du Québec à ce moment-là; le futur délégué du Québec à Bruxelles, Cristos Sirros, alors député libéral de Laurier-Dorion, et le pontifiant Alain Dubuc, éditorialiste à *La Presse*. Messieurs les députés Fournier et Sirros ont fait un voyage à Halifax en février 1997, toutes dépenses payées par Option Canada.

Pour sa part, du 17 au 21 avril 1996, Alain Dubuc a pu visiter Calgary et Vancouver, grâce à Option Canada, question sans doute de remettre un peu de cet amour qui nous avait été si gentiment donné à Montréal à quelques jours du référendum. Pour ce voyage, toutefois, M. Dubuc n'a pas pu bénéficier du tarif spécial offert le 27 octobre 1995, le fameux *unity rate* de 199$ en vigueur ce jour-là. Le coût du voyage de M. Dubuc: 2 616,41$. Il faut toutefois préciser qu'Alain Dubuc a voyagé en première classe. Notons que le chef du Comité du NON, Daniel Johnson était également de ce voyage à Calgary et à Vancouver accompagné de son épouse. Mais contrairement à Alain Dubuc, Daniel Johnson a voyagé en classe économique, au coût de 1 394$. Mais c'est tout à fait dans l'ordre des choses que le chef politique s'assoie derrière l'éditorialiste de Power Corporation!

Regardons maintenant les personnes dont le travail payé pendant la campagne référendaire est identifiable.

Léonce Mercier de l'Estrie a signé un contrat avec Option Canada qui devait s'étendre du 1er septembre 1995 au 31 août 1996. Ses honoraires étaient de 5 000$ par mois versés en deux fois, le 15 et le 30 de chaque mois, plus environ 1000$ pour ses frais de déplacement. Mais son dernier chèque semble avoir été émis le 30 novembre 1995. Il a été nommé sénateur en 1996. Les documents ne nous renseignent pas sur la mission confiée par Option Canada au futur sénateur Léonce Mercier, mais on sait qu'il était reconnu comme un organisateur hors pair du Parti libéral. À titre d'exemple, lorsqu'il a pris sa retraite du Sénat en 2001, sa collègue la sénatrice Lucie Pépin l'a louangé comme suit:

> «Il faut se rappeler qu'aucun parti politique ne peut aspirer à jouer un rôle quelconque dans le gouvernement ou encore gagner une élection sans la contribution essentielle et fondamentale de milliers de personnes bénévoles, telle que celle de notre beau Léonce. Léonce a été une personne dévouée, qui n'a jamais compté son temps et qui était prêt à travailler 24 heures sur 24 pour gagner une élection. L'honorable sénateur Mercier aura passé des

décennies dans l'ombre de plusieurs députés et ministres qui doivent une partie de leur succès à son dévouement sans bornes et à son enthousiasme illimité. Il fallait le voir à l'œuvre, lors des campagnes électorales, encourageant ses troupes avec un optimisme constant, peu importe les sondages, et réussissant souvent à transformer en victoire ce qui, à un moment ou l'autre, paraissait comme une situation plutôt précaire.»

De cette description on peut déduire que l'argent d'Option Canada versé à Léonce Mercier a servi à payer un autre organisateur «bénévole».

Ben Wicks, maintenant décédé, figurait parmi les plus grands et les plus connus des caricaturistes canadiens. Ben Wicks a réalisé un petit livre intitulé *Dear Canada/Cher Canada, A Love Letter To my Country* (avec préface du pompeux bonze libéral Roméo Leblanc, ci-devant gouverneur général) qu'il a tiré à plus de 80 000 exemplaires. À la demande de Jocelyn Beaudoin du Conseil pour l'unité canadienne, Ben Wicks a livré 30 000 exemplaires à Option Canada le 19 octobre, deux semaines avant le référendum. Le livre se vendait-il mal? En tout état de cause, Option Canada a payé 160 000 $ pour les 30 000 livres, qu'elle a fait distribuer gratuitement au Québec par des partisans du NON. Les 160 000 $ payés à Ben Wicks n'ont pas été comptabilisés. Qui plus est, le même livre se vendait à 9,95 $ dans les librairies. Donc, c'est environ 300 000 $ qui auraient dû être comptabilisés par le Comité pour le NON. L'histoire de Ben Wicks rappelle la stratégie utilisée lors de l'annexion de Terre-Neuve en 1949 au moyen d'un référendum volé. En 1967, un organisateur libéral de Terre-Neuve qui avait comploté pour faire accepter l'annexion au Canada a expliqué comment lui et ses collègues avaient obtenu énormément d'argent grâce au Parti libéral du Canada avec lequel «nous [avions] embauché le meilleur caricaturiste au Canada, qui nous faisait des caricatures» à bon prix[33].

L'ancien journaliste de Radio-Canada Robert Desbiens, maintenant décédé, candidat défait du Parti libéral du Canada aux élections de 1993, son fils Marc-Olivier Desbiens et sa femme Suzanne Beauchamp ont facturé à Option Canada pendant toute la campagne référendaire du travail de

33. Robin Philpot, *Le référendum volé*, p. 33.

communications et de monitorage non précisé. Curieusement, l'adresse de facturation de Robert Desbiens était celle d'Option Canada. Il publiait à la même époque une *newsletter* qu'il vendait à divers hommes d'affaires et entreprises proches du Parti libéral du Canada. Selon le rapport officiel du Comité pour le NON, que nous avons consulté au bureau du DGÉ du Québec, Robert Desbiens a aussi facturé au Comité pour le NON des montants considérables pour ses frais de déplacement et de séjour un peu partout au Québec alors qu'il semble avoir été l'accompagnateur du chef du Comité pour le NON, Daniel Johnson. Les factures identifient Robert Desbiens comme le représentant du Parti libéral. Mais sa paie d'Option Canada qui lui permettait d'être libre pour faire ce travail n'a pas été comptabilisée.

Pour son dévouement à la cause libérale et canadienne, Robert Desbiens a été récompensé par sa nomination à la tête du Centre culturel canadien à Paris en 1998. Comme le Conseil pour l'unité canadienne, Option Canada était une auge libérale permettant aux membres du parti et à leurs amis de gonfler leurs revenus entre deux nominations partisanes.

Tony Mignacca, organisateur politique d'Alfonso Gagliano depuis les années 1970, a été payé par Option Canada, comme nous l'avons vu, dans le cadre du mystérieux Programme des valeurs canadiennes (voir le chapitre 6). De plus, il a réussi à se faire payer des frais de voyage.

Jean-Luc Trahan, un proche du maire de Montréal Gérald Tremblay, a facturé des honoraires de consultation. Il a aussi été payé pour la production d'un document intitulé *Référendum express* par Option Canada pendant le référendum. Le total avant taxes versé à M. Trahan : 13 500 $, dont la très grande partie en période référendaire officielle. Dans le grand livre d'Option Canada, son travail figure sous le poste budgétaire « Relations publiques ».

Les cas de Claude Dauphin, de Jocelyn Beaudoin et de René Lemaire sont encore plus troublants.

Claude Dauphin, ancien député libéral à l'Assemblée nationale du Québec, avait été nommé délégué du Québec à Boston en janvier 1994 par Robert Bourassa. Après l'élection du Parti québécois en septembre 1994, son contrat de délégué est résilié, mais M. Dauphin ne part pas bredouille. Il s'est vu accorder une prime de 85 983 $ lors de son départ à la fin de

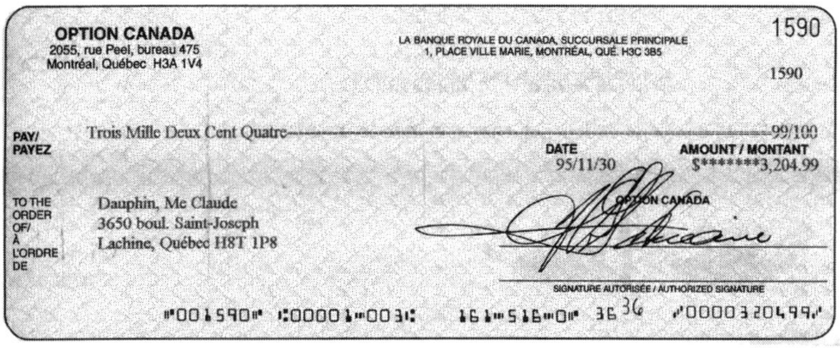

OPTION CANADA
2055, rue Peel, bureau 475
Montréal, Québec H3A 1V4

LA BANQUE ROYALE DU CANADA, SUCCURSALE PRINCIPALE
1, PLACE VILLE MARIE, MONTRÉAL, QUÉ. H3C 3B5

1590

1590

PAY/ PAYEZ Trois Mille Deux Cent Quatre——————99/100

DATE 95/11/30 AMOUNT / MONTANT $*******3,204.99

TO THE ORDER OF/ À L'ORDRE DE
Dauphin, Me Claude
3650 boul. Saint-Joseph
Lachine, Québec H8T 1P8

OPTION CANADA

SIGNATURE AUTORISÉE / AUTHORIZED SIGNATURE

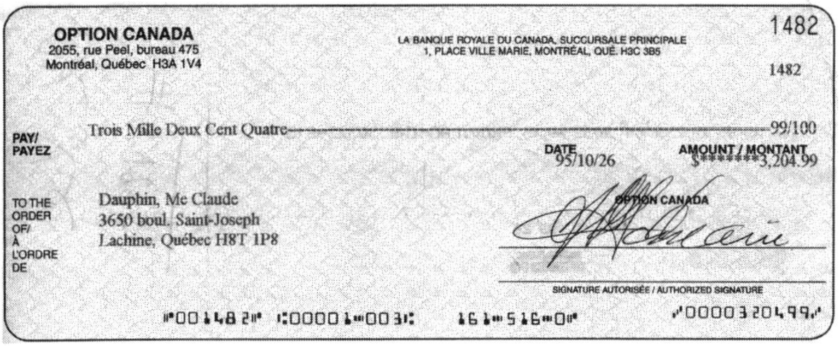

OPTION CANADA
2055, rue Peel, bureau 475
Montréal, Québec H3A 1V4

LA BANQUE ROYALE DU CANADA, SUCCURSALE PRINCIPALE
1, PLACE VILLE MARIE, MONTRÉAL, QUÉ. H3C 3B5

1482

1482

PAY/ PAYEZ Trois Mille Deux Cent Quatre——————99/100

DATE 95/10/26 AMOUNT / MONTANT $*******3,204.99

TO THE ORDER OF/ À L'ORDRE DE
Dauphin, Me Claude
3650 boul. Saint-Joseph
Lachine, Québec H8T 1P8

OPTION CANADA

SIGNATURE AUTORISÉE / AUTHORIZED SIGNATURE

1994, soit le tiers de son contrat qui devait prendre fin le 30 juin 1997[34]. Il est devenu par la suite un dirigeant du Conseil pour l'unité canadienne. Claude Dauphin deviendra, en décembre 1997, le conseiller principal du ministre des Finances, Paul Martin, sur les questions québécoises avant de se joindre à l'équipe de Gérald Tremblay à la mairie de Montréal.

Quand l'existence d'Option Canada a été révélée grâce à des articles dans *The Gazette* près de 18 mois après le référendum, Claude Dauphin se disait un simple prête-nom, ne se souvenant même plus de ce que l'organisme qu'il présidait avait fait pendant le référendum, et ce, même s'il s'était engagé auprès d'un ministre de la Couronne, Michel Dupuy, à gérer l'argent conformément au programme pour lequel il avait été accordé, soit l'appui à la dualité linguistique. Oubli d'autant plus surprenant que Me Dauphin avait personnellement pris le soin de facturer à Option Canada environ 1 500 $ par semaine, avec une diligence remarquable, payés toutes les deux semaines.

34. *Le Devoir*, 26 janvier 1995, p. A-4.

Lorsque le directeur général des élections du Québec a appris par les journaux l'existence de la mystérieuse Option Canada en mars 1997, il a institué une enquête au cours de laquelle l'enquêteur Fernand Deschamps du DGÉ a rencontré un avocat représentant le président d'Option Canada, Claude Dauphin[35]. Voici le compte rendu de la rencontre :

> « Je déclare solennellement, en présence de l'enquêteur Fernand Deschamps que vers la fin du mois d'août 1995 ou au début du mois de septembre 1995, Monsieur [nom raturé] m'a demandé si j'étais intéressé d'assurer la présidence de Option Canada. Je devais être le porte-parole de Option Canada ce qui était pour m'amener à faire des discours durant la période référendaire sauf que dans les faits je n'ai pas eu à faire des discours. Effectivement, nos bureaux de Option Canada étaient situés au 2055, rue Peel, bureau 475, Montréal. Dans les jours qui ont suivi ma nomination, Monsieur [nom raturé], directeur général m'a fait signer une demande de subvention adressée au gouvernement fédéral, demande de plus ou moins 10 000 000 $. En ce qui concerne le montant précis de la subvention, elle a été dans les faits de 4 810 000 $, sauf que je n'ai rien vu de ces chèques, c'est les journalistes qui m'ont rapporté ces chiffres. J'avais également dit à Monsieur [nom raturé] que tous les argents perçus devaient être dépensés avant l'émission des brefs. Je n'ai jamais participé à des réunions de l'exécutif, je n'ai vu aucun bilan financier. Je me souviens d'avoir signé un formulaire possiblement pour l'ouverture d'un compte et je devais être sûrement un co-signataire de chèques mais je n'en ai jamais signé le temps que j'ai été à Option Canada, c'est que Monsieur [nom raturé] était le gestionnaire des fonds. J'ai remis ma démission verbalement à Monsieur [nom raturé] en décembre 1996. »

Bref, l'enquêteur du DGÉ n'a pas obtenu davantage d'informations que le journaliste de *The Gazette* Claude Arpin pour son article dans *The Gazette* en mars 1997. Seul problème, les documents d'Option Canada démontrent que Claude Dauphin a été payé, et très bien merci, pendant toute la campagne référendaire. Il s'est même fait rembourser plus de 1 000 $ de frais divers et de frais de voyages pendant la campagne. Mais il n'a pas été en mesure de dire aux journalistes ni à l'enquêteur du DGÉ, ni à nous ce qu'il a fait pour Option Canada pour mériter

---

35. Déclaration solennelle de Fernand Deschamps suite à sa rencontre avec Claude Dauphin, 16 juin 1997, document obtenu en vertu de la *Loi sur l'accès à l'information*.

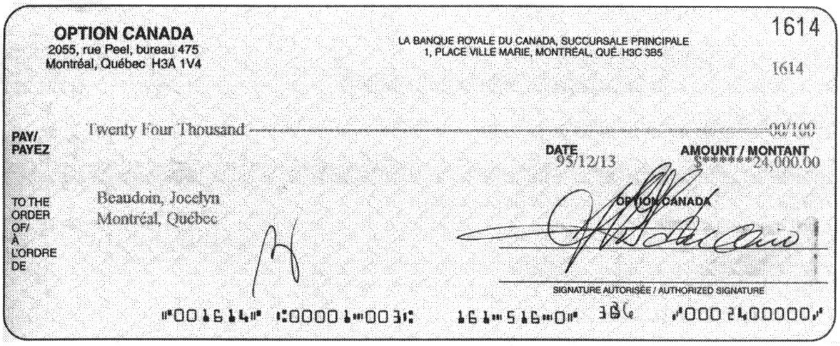
OPTION CANADA
2055, rue Peel, bureau 475
Montréal, Québec H3A 1V4

LA BANQUE ROYALE DU CANADA, SUCCURSALE PRINCIPALE
1, PLACE VILLE MARIE, MONTRÉAL, QUÉ. H3C 3B5

1614

1614

PAY/ PAYEZ Twenty Four Thousand 00/100

DATE 95/12/13

AMOUNT / MONTANT $******24,000.00

TO THE ORDER OF/ À L'ORDRE DE Beaudoin, Jocelyn
Montréal, Québec

OPTION CANADA

SIGNATURE AUTORISÉE / AUTHORIZED SIGNATURE

sa paie ni ce qu'Option Canada a fait avec l'argent qu'il a lui-même demandé au ministre à titre de président.

Au début de l'année 2005, Jocelyn Beaudoin a été nommé représentant du Québec à Toronto — imaginez! Avant cette nomination, il a été président-directeur général du Conseil pour l'unité canadienne pendant 35 ans, soit de 1969 à 2004. Les méchantes langues disent qu'il s'attendait à être nommé ambassadeur du Canada dans une contrée lointaine mais que la crainte de la révélation de magouilles l'en a empêché. De la boîte de documents comptables d'Option Canada, il ressort que Jocelyn Beaudoin était de tous les mauvais coups de la nébuleuse Option Canada. Les très nombreuses lettres, avec factures, qui commencent par « Cher Jocelyn » ne laissent aucun doute quant à son rôle et à sa connaissance des activités qui violaient de façon flagrante la *Loi sur la consultation populaire*. Non seulement y a-t-il participé pleinement, mais il a facturé à Option Canada la somme de 24 000 $:

« Services professionnels pour l'organisation des activités d'Option Canada, consultation et frais divers pour la période du 1er septembre 1995 au 31 décembre 1995. » Option Canada a payé cette facture avec empressement.

M. Beaudoin ne nous a jamais retourné nos appels ni nos demandes d'entrevue. Joint en 1997 par *The Gazette*, il a répondu aux questions par une boutade: « Allez poser les questions à Option Canada. »

Sa nomination par Québec en 2005 a effectivement provoqué une réaction très négative à cause de son rôle dans Option Canada. En réponse aux questions de l'opposition, le ministre québécois des Affaires intergouvernementales, Benoît Pelletier, a déclaré: « En ce qui concerne Option Canada, il faut savoir que M. Beaudoin a démissionné d'Option Canada le lendemain de l'incorporation d'Option Canada, le 8 septembre 1995, et donc il n'a pas pris part aux différentes activités qui ont été reprochées à Option Canada et qui se sont déroulées par la suite. Les différentes transactions que vous alléguez, peut-être avec raison, je ne suis pas en mesure d'en juger, mais donc ces différentes transactions ont eu lieu alors que M. Beaudoin n'était plus membre d'Option Canada, en quelque sorte[36]. »

Comme le ministre Pelletier n'était pas en mesure d'en juger lorsqu'il a répondu à l'Assemblée nationale, mais qu'il l'est dorénavant à la lumière de tous les documents d'Option Canada qui impliquent Jocelyn Beaudoin dans les magouilles d'Option Canada, nous lui demandons de démettre ce dernier de ses fonctions immédiatement.

René Lemaire était directeur général d'Option Canada. C'est lui qui a signé presque tous les contrats d'Option Canada, qui a reçu la plupart des factures et qui les a acquittées en signant les chèques émis par Option Canada. À en juger par l'ampleur du travail effectué pour que le NON l'emporte, René Lemaire a bien servi les dirigeants du Comité pour le NON. Seule ombre au tableau, en plus des honoraires qu'il a touchés — notamment 10 000 $ du 1er septembre au 30 octobre 1995 — une entreprise à numéro 9006-7737 Québec inc., dont l'adresse est la même que celle de René Lemaire, a facturé à Option Canada 27 692,32 $, soit des « Honoraires d'administration pour le programme Option Canada », surtout pendant la campagne référendaire officielle.

En mars 1997, René Lemaire a déclaré au quotidien *The Gazette*: « Nous avons fondu Option Canada dans le Comité pour le NON aussitôt que les brefs du référendum ont été émis. Nous n'avons pas dépensé un cent après cette date », soit le 1er octobre 1995. En juillet 2005, il a refusé de parler d'Option Canada, prétextant qu'il s'agissait d'une autre époque de sa vie.

L'obstructionnisme systématique des responsables d'Option Canada et surtout de Claude Dauphin, de René Lemaire et de Jocelyn Beaudoin n'a plus sa place. Au nom de la démocratie, du droit, de l'histoire, le peuple québécois a le droit de tout savoir sur cette mystérieuse création et ses activités secrètes qui ont influencé l'issue du référendum de 1995.

36. Les travaux parlementaires, 37e législature, 1re session, journal des débats, Commission permanente des institutions.

Dans les pages suivantes

- factures pour du travail effectué en période référendaire par Claude Dauphin, président d'Option Canada, René Lemaire, directeur général d'Option Canada, Jocelyn Beaudoin, président-directeur général du Conseil pour l'unité canadienne, Robert Desbiens, de l'entreprise à numéro de René Lemaire, et Jean-Luc Trahan;
- lettre de Ben Wicks avec sa facture de 160 000$ payée par Option Canada pour 30 000 exemplaires de son livre *Dear Canada/Cher Canada* (vendu 9,95$), distribués gratuitement par des tenants du NON en période référendaire;
- contrat signé pour le paiement de l'organisateur libéral Léonce Mercier;
- copie du billet d'Alain Dubuc pour un voyage aller-retour de Montréal à Calgary et à Vancouver.

Me. Claude Dauphin

FACTURE

le 6 octobre, 1995

Option Canada
2055 rue Peel
Suite 475
Montréal, Québec, H3A 1V4
(514) 843-4196
Fax: 843-4590

Attention: J. René Lemaire

Pour honoraires professionnels:

du 25 septembre au 6 octobre, 1995		$ 2 812,50
R140267758	T.P.S. (7%)	$ 196,88
1017555541TQ0001	T.V.Q. (6.5%)	$ 195,61
	Total:	$ 3 204,99

5604

VÉRIFIÉ

3650 Boul. St-Joseph, Lachine, Québec, H8T 1P8 Tel: (514) 634-9302

Jocelyn L. Beaudoin
Montréal, Qc

FACTURE

14 Décembre 1995

À: **Option Canada**
2055, Peel #475
Montréal QC
H3A 1V4

Re.: Organisation des activités d'option Canada

Services professionnels pour l'organisation des activités d'option Canada, consultation et frais divers pour la période du 1er septembre 1995 au 31 décembre 1995.

Honoraires #5846 $ 24,000.00

VÉRIFIÉ

Robert Desbiens communications
Att: 2055, rue Peel, bureau 475
Montréal (Québec)
H3A 1V4

Montréal, le 13 octobre 1995

Conseil pour l'unité canadienne
Option Canada
2055, rue Peel, suite 475
Montréal (Québec)
H3A 1V4

Services professionnels pour les semaines du 2 au 13 octobre 1995 (2 x 1 538.46)	3 076.92 $
TPS (R1366504313) 7%	215.38 $
TVQ (1016109963) 6.5%	214.00 $
Montant total	3 506.30 $

#5301

VÉRIFIÉ

Robert Desbiens
Robert Desbiens communications

J. René Lemaire
Montréal, Qc

FACTURE

20 Octobre 1995

À: **Option Canada**
2055, Peel #475
Montréal QC
H3A 1V4

Re.: Organisation des activités d'option Canada

Services professionnels pour l'organisation des activités d'option Canada, consultation et frais divers pour la période du 1er septembre 1995 au 30 octobre 1995.

Honoraires #5774 $ 10,000.00

VÉRIFIÉ

TRAHAN COMMUNICATIONS CONSEIL, ~~445, BOUL. ST-JOSEPH OUEST, BUREAU 76, OUTREMONT (QUÉBEC) H2V 2P8 TÉL.: (514) 272-8755~~

Option Canada
À l'attention de Monsieur René Lemaire
2055, rue Peel
Bureau 475
Montréal, (Québec)
H3A 1V5

Facture: 1018

Honoraires de consultation pour la période du:	02 octobre au 06 octobre 1995		800.00$
Honoraires de consultation pour la période du:	09 octobre au 13 octobre 1995		800.00$
Référendum Express			600.00$
		T.P.S. 7%	154.00$
		T.V.Q. 6.5%	153.01$
		Total	2507.01$

5303

Trahan Communications Conseil
3914, rue St-Hubert
Montréal, (Québec)
H2L 4A5
(514) 845-3238

T.V.Q. 101 747 2727
T.P.S. R140 071 440

VÉRIFIÉ

Ben Wicks

Ben Wicks, C.M.
449-A Jarvis Street
Toronto, ON, Canada M4Y 2G8
Telephone : 416-967-0338
Fax : 416-925-8710

RECEIVED 25 OCT 1995

DATE : October 19, 1995

TO : Jocelyn L. Beaudoin, Executive Vice-President
The Council for Canadian Unity

FAX : Mailed

FROM : Ben Wicks

MESSAGES :

Further to your letter of October 19, please find attached an invoice for the Dear Canada/Cher Canada books. Please accept our thanks and appreciation for your tremendous support of this project. We will forward the copies you requested immediately.

Should you require additional information, please contact me directly.

Again, thank you.

Ben

Ben Wicks

Number of pages including this one : **2**
Nombre de pages incluant celle-ci :

If you don't receive all pages, please call (416) 967 0338
Si vous ne recevez pas toutes les pages, s.v.p. téléphoner au (416) 967 0338

-1995 03:38PM Ben Wicks 416 925 8710 P.02

Ben Wicks

Ben Wicks, C.M.
449-A Jarvis Street
Toronto, ON, Canada M4Y 2G8
Telephone : 416-967-0338
Fax : 416-925-8710

Invoice

Date :	October 25, 1995
To :	Attention : Réjean Roy Option Canada 2055, rue Peel Suite 875 Montreal (Québec) H3A 1V4
From :	Ben Wicks & Associates 449-A Jarvis Street Toronto, Ontario M4Y 2G8
GST No. :	R 100-475-813
Client :	Option Canada
Product :	Dear Canada/Cher Canada, A Love Letter To My Country
Your P.O. No. :	Your letter of October 19, 1995
Your Job No. :	N/A
Description :	To provide 30,000 copies of Dear Canada / Cher Canada @ $5.00 non-returnable :
Cost :	$150,000.00
GST :	$10.500.00
Total :	**$160,500.00**

Thank you,

Ben

5894

VÉRIFIÉ

Ben Wicks
/jd
(Please make cheque payable to Ben Wicks)

TOTAL P.02

Option Canada

2055, rue Peel, bureau 475, Montréal (Québec) H3A 1V4 Tél.: (514) 843-4124 Fax: (514) 843-4590

Montréal, le 28 août 1995

Monsieur Léonce Mercier
21, chemin Guillotte
St-Élie d'Orford (Québec)
J0B 2S0

Monsieur Mercier,

Je vous confirme par la présente le mandat qui vous a été confié par Option Canada.

Vous êtes mandaté par Option Canada pour élaborer et éventuellement mettre en oeuvre, un programme visant à la promotion de l'unité canadienne et de la dualité linguistique dans le cadre de l'après référendum.

Il est entendu que la durée de votre mandat sera du 1er septembre 1995 au 31 août 1996 et que vos honoraires seront de $5,000 par mois versés en versements égaux le 15 et le 30 de chaque mois. Il est aussi entendu que nous couvrirons vos frais de déplacement pour un montant d'environ $1,000 par mois.

Bien à vous,

J. RENÉ LEMAIRE
Directeur général
Option Canada
JRL/pl

OPTION CANADA
2055, rue Peel, bureau 475
Montréal, Québec H3A 1V4

LA BANQUE ROYALE DU CANADA, SUCCURSALE PRINCIPALE
1, PLACE VILLE MARIE, MONTRÉAL, QUÉ. H3C 3B5

1624

1624

PAY/ PAYEZ Cent Soixante Mille Cinq Cents——————00/100

DATE 95/12/19

AMOUNT / MONTANT $*****160,500.00

TO THE ORDER OF/ À L'ORDRE DE
Ben Wicks, C.M.
449-A Jarvis Street
Toronto, Ontario M4Y 2G8

OPTION CANADA

SIGNATURE AUTORISÉE / AUTHORIZED SIGNATURE

⑈001624⑈ ⑆00001⑉003⑆ 161⑉516⑉0⑈ 36 ⑈0016050000⑈

KN Travel — Kuehne & Nagel Travel Inc. / Voyages Kuehne & Nagel Inc. / Offices across Canada / Bureaux à travers le Canada — **VoyagesKN**

SALES PERSON: 04 ITINERARY/INVOICE NO. 0180173 DATE: 21 MAR 96
CUSTOMER NBR: 181531 REHLUC PAGE: 01

TO: CANADA 2000
1805 GASPE
OTTAWA ONT
K1L 8E3

KN TRAVEL
706-151 SLATER ST
OTTAWA,ONT
K1P 5H3
TEL 613 238 7510

FOR: DUBUC/ALAIN MR

17 APR 96 - WEDNESDAY

AIR	CANADIAN AIRLINES	FLT:989	BUSINESS	
	LV MONTREAL DORVAL		1050	EQP:BOEING 767 300
	AR TORONTO ON		1158	NON-STOP
	DUBUC/ALAIN MR	SEAT- 3A		
AIR	CANADIAN AIRLINES	FLT:965	BUSINESS	LUNCH
	LV TORONTO ON		1245	EQP:AIRBUS A320
	AR CALGARY INTL AB		1450	NON-STOP
	DUBUC/ALAIN MR	SEAT- 4A		

18 APR 96 - THURSDAY

AIR	CANADIAN AIRLINES	FLT:677	BUSINESS	
	LV CALGARY INTL AB		1530	EQP:BOEING 737
	AR VANCOUVER BC		1554	NON-STOP
	DUBUC/ALAIN MR	SEAT- 2A		

21 APR 96 - SUNDAY

AIR	CANADIAN AIRLINES	FLT:900	BUSINESS	BREAKFAST
	LV VANCOUVER	BC TERM:M	0800	EQP:BOEING 737
	AR MONTREAL DORVAL		1655	1-STOP
	DUBUC/ALAIN MR	SEAT- 3A		

AIR TICKET	CP3831548723	DUBUC ALAIN MR	2,455.69
		160.72 G.S.T.	160.72
		SUB TOTAL	2,455.69
		TOTAL G.S.T.	160.72
		TOTAL AMOUNT DUE	2,616.41

HAVE A NICE TRIP
PLEASE CHECK IN 1 HOUR PRIOR TO FLIGHT TIME
...CLIENTS HOLDING KN BOARDING PASSES MUST ADVISE AGENT AT BOARDING GATE THAT YOU ARE PRESENT AND ACCOUNTED FOR AT LEAST 15 MIN. PRIOR TO DEPARTURE..

OK

#5590

CONTINUED ON PAGE 2

CHAPITRE 8

La très évidente complicité d'Option Canada et du Comité pour le NON

Un mensonge peut courir autour du monde
avant que la vérité n'attache ses souliers.
MARK TWAIN

Nous sommes le soir du 30 octobre 1995. Les bureaux de vote sont fermés. Le Comité pour le NON, ses dirigeants, dont le chef Daniel Johnson, des militants avec tous leurs drapeaux rouges sont réunis au Métropolis, rue Sainte-Catherine Est en attendant le résultat qui sera annoncé par Radio-Canada. Dès l'annonce, la fête commence. Nous nous en souvenons tous !

Ce grand *party* du Comité des Québécoises et des Québécois pour le NON n'a pas été organisé et financé par le Comité pour le NON, ni par le Parti libéral du Québec, ni même par le Parti libéral du Canada. Il a été organisé et financé par Option Canada à l'aide des fonds publics détournés du Programme d'appui à la dualité linguistique. Le coût de cette fête de fin de campagne et de quelques autres de moindre envergure était de 102 814,35 $. Option Canada a loué le Métropolis, payé les techniciens et les systèmes de son, de lumières et de vidéo. Les bureaux de scrutin étaient fermés, donc on pourrait plaider que personne ne violait la *Loi sur la consultation populaire* en faisant payer la fête du 30 octobre par Option Canada, même si normalement, ce genre d'activité hautement partisane aurait dû être payée par le Parti libéral, et non pas par une organisation financée entièrement avec l'argent public destiné à appuyer la dualité linguistique.

Françoise Montoreau 288-2020
288-2929

CONTRAT ENTRE:

Club Métropolis Inc.
1413 rue St-Dominique
Montréal, Québec
H2X 3P5

"locateur"

ET:

Option Canada
Jean -René Lemaire
2055, rue Peel
Suite 475
Montréal, Québec
H3A 1V4

"locataire"

Contrat: #951030

Événement: Soirée

Date de l'événement: Le 30 octobre 1995

Disponibilité de la salle: à partir de 1h00 du matin

Ouverture des portes: 18h30

Nombre de personnes: 2400 personnes maximum

Il est entendu par le présent contrat que Option Canada loue le Métropolis pour l'événement ci-haut mentionné aux conditions suivantes:

Mais attention ! Cette histoire de la fête de la victoire du NON n'est pas anodine. Elle soulève d'importantes questions pour les dirigeants du Comité officiel pour le NON, pour le chef Daniel Johnson, l'agente officielle Nathalie Bernier et la vice-présidente Liza Frulla, surtout en l'absence de feu Michel Bélanger, président du Comité. Elle soulève des questions également pour Jean Charest, alors dirigeant du Parti conservateur et important porte-parole du Comité pour le NON, de même que pour Lucienne Robillard, représentante du Parti libéral du Canada au sein du Comité pour le NON.

Il est difficile de croire que toutes ces personnes pouvaient ignorer l'existence même d'Option Canada et ignorer le fait que cet organisme avait de l'argent disponible pour organiser des activités pour le NON. Aucun chef politique n'oublie l'importance des rassemblements de fin de campagne, lesquels doivent être préparés méticuleusement autant pour bien mettre en valeur les chefs politiques que pour recevoir convenablement les médias — dans le cas du référendum, il s'agissait des médias du monde entier. Important aussi pour remercier les militants et militantes desquels dépendent les *leaders* pour se faire élire. L'idée de remercier les bénévoles était tellement importante pour les dirigeants du NON qu'une seconde fête a été organisée avec banquet et « bar ouvert » pour tous les travailleurs d'élection « bénévoles » qu'Option Canada avait payés dans le cadre de son Programme des valeurs canadiennes (voir le chapitre 6). Option Canada a organisé et payé cette fête, tenue le samedi 11 novembre 1995. La nébuleuse Option Canada a même eu la gentillesse de tenir cette fête dans la circonscription électorale du chef du Comité pour le NON, Daniel Johnson, au Château Vaudreuil et d'y inviter M. Johnson comme conférencier. Le chef du NON était tellement populaire chez Option Canada que celle-ci lui a payé un voyage à Calgary, à Edmonton et à Vancouver avec sa femme du 17 au 22 avril 1996.

Or, en mars 1997, en entrevue avec Claude Arpin du journal *The Gazette*, Daniel Johnson, qui était encore chef du Parti libéral du Québec, a déclaré au sujet d'Option Canada : « *I have never heard the name. I found out in the papers. I have*

37. *The Gazette*, 25 mars 1997, p. A-14.

no idea who, what, where, when and why[37].» (Je n'ai jamais entendu le nom. Je l'ai appris dans les journaux. Je n'ai aucune idée de qui il s'agit, de quoi, d'où, de quand, ni de pourquoi.)

Selon des sources qui requièrent l'anonymat, la coordination entre Option Canada et le Comité pour le NON était très étroite, quotidienne. Les dirigeants d'Option Canada, Claude Dauphin, René Lemaire et Jocelyn Beaudoin en tête, étaient constamment au téléphone avec le *war room* du Comité pour le NON, qui, lui, était situé au quartier général du Parti libéral du Québec, au 4364, rue Saint-Denis, à Montréal. Ils s'y rendaient régulièrement pour des réunions. Des frictions et des tiraillements opposaient parfois le Parti libéral du Québec à Option Canada. Il y avait des divergences sur la meilleure façon de dépenser l'argent, sur l'allocation des ressources financières pour maximiser les effets des sommes allouées et sur la campagne de publicité. Daniel Johnson est venu au moins une fois au bureau du Conseil pour l'unité canadienne rue McGill College où travaillait Jocelyn Beaudoin et où toute la gestion administrative d'Option Canada se faisait. De plus, toute l'équipe de direction d'Option Canada s'est rendue, une fois, à Québec pour rencontrer Jean Pelletier, chef de cabinet du premier ministre Jean Chrétien.

Notons que Claude Arpin du quotidien *The Gazette* a découvert, après avoir consulté le rapport officiel du Comité pour le NON, que le Parti libéral du Québec qui dirigeait le Comité pour le NON a effectué, à partir de son bureau de Québec, pas moins de 65 appels interurbains (téléphone et télécopieur) au bureau d'Option Canada pendant le mois référendaire[38]. Il s'agit de plus de deux appels par jour.

Liza Frulla était députée de la circonscription de Marguerite-Bourgeoys en 1995 et vice-présidente du Comité des Québécoises et des Québécois pour le NON. Il est normal et correct de séparer la vie privée de la vie publique, sauf quand les deux conjoints font de la politique. André Morrow de Morrow Communications est le conjoint de Liza Frulla et les deux vivent sous le même toit depuis 1991. André Morrow est un ancien conseiller en image de Jean Chrétien. Il a participé à la campagne référendaire aux côtés de sa conjointe, la

38. *The Gazette*, 20 mars 1997, p. A-1.

vice-présidente du Comité pour le NON. Aussi récemment que le 14 décembre 2005, il a décrit son engagement politique de la façon suivante lorsque *La Presse* lui a parlé de son rôle de conseiller de Paul Martin et de son appartenance à un soi-disant comité des sages du PLC: « Le Parti libéral a toujours été mon parti. J'ai toujours été libéral, et je vais toujours l'être[39]. » Or, Morrow Communications, dont il est le président, a facturé à Option Canada du travail réalisé avant et pendant la campagne référendaire et a été payé par cette officine secrète. Il est difficile de croire qu'un membre de ce couple ait pu connaître l'existence d'Option Canada assez pour lui facturer plus de 10 000 $ alors que l'autre membre ignorait l'existence de l'organisme, d'autant plus que tous les deux travaillaient ardemment pour que le NON l'emporte.

Dans le chapitre 4, nous avons analysé les factures de BCP payées par Option Canada pour démontrer qu'une partie importante de celles-ci portaient sur du travail et du matériel de propagande réalisés pendant le mois d'octobre 1995 pour servir à faire gagner le camp du NON; des messages publicitaires radio et télé, des affiches pour le NON et beaucoup d'autres choses. BCP faisait une distinction dans ces factures entre « campagne référendaire » et « campagne préréférendaire », et l'apposition d'étiquettes autocollantes démontre que BCP suivait les indications, probablement du Comité pour le NON, concernant le destinataire de la facture. Mais à en juger par le matériel de propagande réalisé, il ne fait aucun doute que c'est le Comité pour le NON, et non Option Canada, qui a reçu le matériel commandé. Selon le rapport officiel du Comité pour le NON, BCP a également facturé à ce comité du travail pendant la campagne référendaire pour près de 2 M$. Rappelons que personne ne savait qu'Option Canada existait, ni le Comité pour le OUI ni le Comité pour le NON, du moins officiellement. Qui du Comité pour le NON coordonnait la répartition de ces factures? Selon la loi, la personne responsable est l'agente officielle, Mme Nathalie Bernier. Jointe au téléphone le 15 décembre 2005, Nathalie Bernier a dit se souvenir du nom d'Option Canada mais elle a insisté sur le fait que toutes les dépenses qu'elle a autorisées pendant la campagne référendaire sont indiquées

39. *La Presse*, 14 décembre 2005, p. A-13.

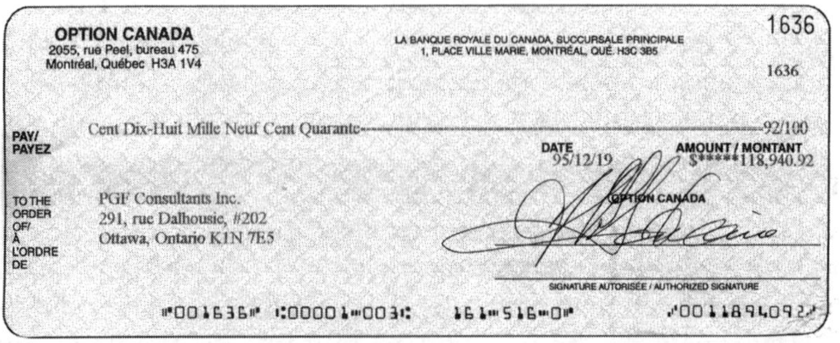

dans le rapport remis par le Comité pour le NON au directeur général des élections[40].

L'enquête que nous avons menée au sujet du Programme des valeurs canadiennes d'Option Canada (chapitre 6) démontre hors de tout doute que ce programme servait à payer des « bénévoles » du camp du NON pendant la campagne référendaire, surtout dans les circonscriptions où les organisations libérales du PLQ ou du PLC étaient en difficulté. Ce programme prouve aussi qu'il y avait volonté de violer la loi dès la conception du programme, soit dès août 1995. Option Canada y a consacré 300 000 $ qui n'ont pas été comptabilisés par le Comité pour le NON. Il est difficile de croire encore que le Comité pour le NON, son chef, son président, sa vice-présidente et son agente officielle aient pu ignorer l'origine de cette manne inespérée à la veille d'un vote important : une cinquantaine de « bénévoles » chevronnés (comme Tony Mignacca) entièrement disponibles pour effectuer tout le travail ingrat mais ô combien essentiel[41].

Une autre pièce qui démontre l'étroite collaboration entre Option Canada et le Comité pour le NON est ce rapport remis par la firme PGF Consultants inc. d'Ottawa et de Shédiac au Nouveau-Brunswick, et qui concernait un projet intitulé « Amis du Québec », réalisé pour favoriser le NON surtout à l'extérieur du Québec, un projet qui a coûté 118 940,92 $ à Option Canada.

40. Entrevue téléphonique avec Nathalie Bernier, 15 décembre 2005.

41. Le Rapport officiel du Comité pour le NON indique que chaque organisation locale pour le NON dans les circonscriptions a reçu environ 10 000 $ qui ont été dépensés pendant la campagne à diverses fins, dont les communications. Avec de tels montants, il aurait été impossible de payer des travailleurs d'élection pendant tout un mois. Les faux bénévoles payés par Option Canada étaient donc indispensables.

Dans ce rapport qui tentait de justifier auprès d'Option Canada le paiement, PGF se targue notamment d'avoir « aidé l'organisation du Comité du Non dans six circonscriptions fédérales de l'Outaouais pour recruter des bénévoles pour faire du porte-à-porte ; [...] fait de la recherche avec les membres du Comité du Non dans la région de la Gaspésie et des Îles de la Madeleine ; [...] assuré la participation de plusieurs centaines de participants au rallye de Montréal. »

Travaillant pour le compte d'Option Canada, PGF ajoute : « nous sommes intervenus publiquement à l'extérieur du Québec et au Québec pour dénoncer les déclarations de madame [Suzanne] Tremblay, monsieur Bernard Landry et autres. Nous avons fait une série d'entrevues pour la radio et la télévision au Québec. Nous avons également participé à une série télévisée pour dénoncer l'impact économique de la séparation du Québec. [...] Nous avons coordonné une quinzaine d'interventions durant la campagne référendaire ».

Tout ceci se faisait conjointement avec le Comité pour le NON car PGF rapporte à Option Canada : « de mars 1995 jusqu'à la fin d'octobre 1995, nous avons rencontré les représentants du Comité du NON à douze reprises. Nous les avons rencontrés à Montréal à plusieurs reprises et nous avons été en contact par le biais téléphonique sur une base hebdomadaire pour une période de six mois. »

Difficile de croire que des représentants du Comité pour le NON aient pu rencontrer des représentants d'une entreprise qui travaillaient si fort pour le NON et qui étaient si disponibles sans savoir d'où l'argent venait et sans savoir qu'ils devaient autoriser ces dépenses et les comptabiliser dans leur rapport officiel.

Dans les pages suivantes

- facture du Centre Sheraton illustrant l'étroite coordination entre Option Canada et le Parti libéral ;
- extrait du grand livre d'Option Canada où l'on voit le coût de la grande fête du NON le 30 octobre 1995 suivi de chèques d'Option Canada au club Métropolis ;
- factures de PGF Consultants inc. payée par Option Canada, suivie d'un extrait du rapport des « Amis du Québec » démontrant la coordination étroite avec le Comité pour le NON ;
- billet d'avion de Daniel Johnson pour un aller-retour à Calgary et à Vancouver payé par Option Canada ;
- facture du Château Vaudreuil pour fêter les travailleurs d'élection « bénévoles » payés par Option Canada.

Le Centre Sheraton
HÔTEL ET SOMMET DE LA TOUR
MONTRÉAL
ITT Sheraton

1201, BOULEVARD RENÉ-LÉVESQUE OUEST
MONTRÉAL, QUÉBEC, CANADA H3B 2L7
TÉLÉPHONE: (514) 878-2000 FAX: (514) 878-3958

NUMÉRO DE FACTURE
16803

ORGANISATION
PARTI LIBERAL/LA TOURNEE a/s Monsieur Lemaire

À
Option Canada (adresse à venir)
2055 RUE PEEL BUR: 475
MTL, QUEBEC
H3A 1V4

SALLE	DATE
Salon J	le lundi 30 octobre 1995

GENRE D'ACTIVITÉ
Réception cocktail CD/DR-9896

DESCRIPTION	COÛT À L'UNITÉ	MONTANT
NOURRITURE COUVERTS @		
SCRAP		
100-PORTIONS DE CRUDITES		200 —
6 PLATEAUX DE SANDWICHS	3600	216 —
		416 —
SERVICES 15%		62 40
7%		33 49
TAXE SUR LES PRODUITS ET SERVICES R119435899 6½%		33 27
TAXE DE VENTE DU QUÉBEC		
LABOUR CHARGE & SERVICE		350 —
7%		24 50
#5795 6½%		24 34
LOCATION DE SALLE		
TAXE SUR LES PRODUITS ET SERVICES R119435899		
TAXE DE VENTE DU QUÉBEC		
	MONTANT TOTAL	944 —

SIGNATURE

FORM A 406 (03-82 P)

5775	Divers	77 318.48	-	
5780	"Monitoring"	2 188.55	-	
5785	Formation des porte-paroles	10 129.58	-	
5790	Lancement	72 526.66	-	
5795	Soirée de la fin	102 814.35	-	METROPOLIS
5800	Logistique	0.00	-	
5805	Financement	0.00	-	
5810	Jeunes	1 399.25	-	
5815	Agenda principal	0.00	-	
5820	Anglophones	4 144.25	-	
5825	Ethnies	1 921.29	-	

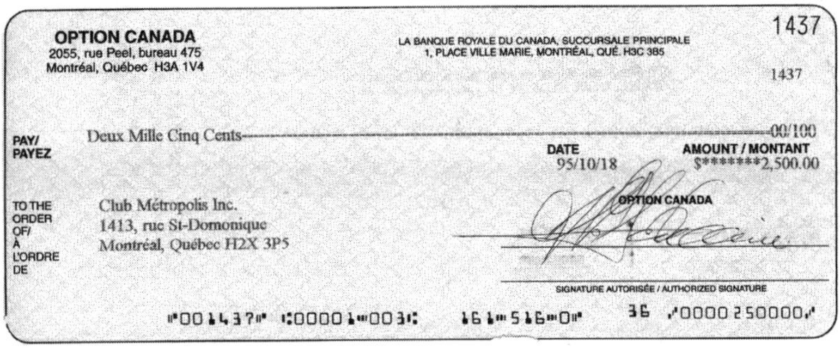
OPTION CANADA
2055, rue Peel, bureau 475
Montréal, Québec H3A 1V4

LA BANQUE ROYALE DU CANADA, SUCCURSALE PRINCIPALE
1, PLACE VILLE MARIE, MONTRÉAL, QUÉ. H3C 3B5

1437

1437

PAY/ PAYEZ Deux Mille Cinq Cents---------------------------00/100

DATE 95/10/18

AMOUNT / MONTANT $*******2,500.00

TO THE ORDER OF/ À L'ORDRE DE
Club Métropolis Inc.
1413, rue St-Domonique
Montréal, Québec H2X 3P5

OPTION CANADA

SIGNATURE AUTORISÉE / AUTHORIZED SIGNATURE

⑈001437⑈ ⑆00001⑉003⑆ 161⑉516⑉0⑈ 36 ⑀0000250000⑀

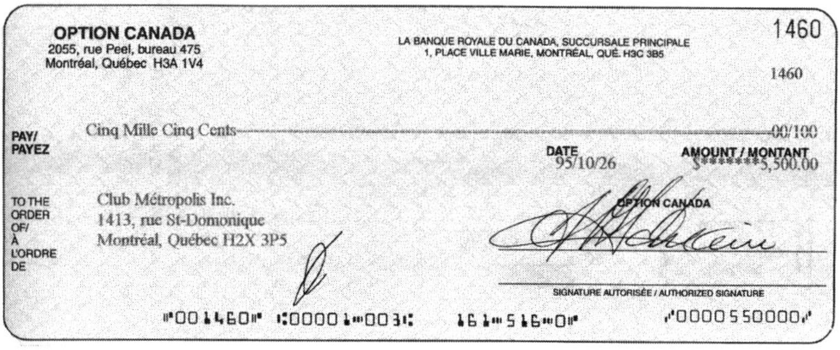
OPTION CANADA
2055, rue Peel, bureau 475
Montréal, Québec H3A 1V4

LA BANQUE ROYALE DU CANADA, SUCCURSALE PRINCIPALE
1, PLACE VILLE MARIE, MONTRÉAL, QUÉ. H3C 3B5

1460

1460

PAY/ PAYEZ Cinq Mille Cinq Cents---------------------------00/100

DATE 95/10/26

AMOUNT / MONTANT $*******5,500.00

TO THE ORDER OF/ À L'ORDRE DE
Club Métropolis Inc.
1413, rue St-Domonique
Montréal, Québec H2X 3P5

OPTION CANADA

SIGNATURE AUTORISÉE / AUTHORIZED SIGNATURE

⑈001460⑈ ⑆00001⑉003⑆ 161⑉516⑉0⑈ ⑀0000550000⑀

PGF
consultants inc.

Le 30 novembre 1995

Monsieur J. René Lemaire
Option Canada
2055 rue Peel, Bureau 475
Montréal (Québec)
H3A 1V4

FACTURE # 0110

Objet : Rallyes francophones, Projet 196

Dépenses par site:

	Location	500,00 $
	Nettoyage	300,00
	Décoration, pancartes	2 500,00
	Presse, communication, discours etc.	3 500,00
	Activités culturelles, sociales	3 500,00
	Système de son	1 000,00
	Coordination	2 500,00
	TOTAL par site	13 800,00 $

2 Sites (Ottawa & Winnipeg) x 13 800,00 $		27 600,00 $
1 Site (Moncton)		0,00
Cancam		23 000,00
Coordination nationale (3 personnes x 6 jours x 500,00 $)		9 000,00
Frais de déplacement et hébergement (Winnipeg, Moncton, Ottawa)		3 000,00
Frais d'administration 10 %		6 453,20
		69 053,20 $
	+TPS	4 833,72
	TOTAL	73 886,92 $

Faire parvenir votre chèque au montant de 73 886,92 $ à:

PGF Consultants Inc.
291, rue Dalhousie, Suite 202
Ottawa, Ontario
K1N 7E5

VÉRIFIÉ

No. de T.P.S.: 123626095

Merci.

#5772

291, rue Dalhousie, suite 202, Ottawa (Ontario) Canada K1N 7E5 Tél: (613) 241-2251 Téléc.: (613) 241-2252
180, rue Main, C.P. 1058, Shédiac, (N.-B.) Canada E0A 3G0 Tél: (506) 533-3181 Téléc.: (613) 532-8568

TOTAL P.02

PGF
consultants inc.

Le 30 novembre 1995

Monsieur J. René Lemaire
Option Canada
2055 rue Peel, Bureau 475
Montréal (Québec)
H3A 1V4

FACTURE # 0109

Objet : Amis du Québec, Projet 117-3

Deuxième versement	45 054,00 $
TOTAL	45 054,00 $

Faire parvenir votre chèque au montant de 45 054,00 $ à:

VÉRIFIÉ

PGF Consultants Inc.
291, rue Dalhousie, Suite 202
Ottawa, Ontario
K1N 7E5

291, rue Dalhousie, suite 202, Ottawa (Ontario) Canada K1N 7E5 Tél: (613) 241-2251 Téléc.: (613) 241-2252
180, rue Main, C.P. 1058, Shédiac, (N.-B.) Canada E0A 3G0 Tél: (506) 533-3181 Téléc.: (613) 532-6568

c) Développer des discours.

Nous avons préparé trois discours en plus d'un guide d'entrevues. Ces discours ont été utilisés par les gens qui ont participés aux tournées, et les ministres du Nouveau-Brunswick qui ont entrepris des tournées au Québec et qui ont utilisé notre matériel.

d) Organiser des tournées.

Cette partie fut la plus difficile du projet car nous étions à la merci des organisateurs des tournées à Montréal et à Québec. Nous avons néanmoins réussi à coordonner une quinzaine d'interventions durant la campagne référendaire. Les interventions se sont faites sous forme de discours et sous la forme de porte à porte (au moins 5 interventions). Cet objectif est le seul qui n'a as été atteint complètement étant donné l'importance de ne pas s'ingérer mais s'insérer dans l'organisation du Comité du Non.

e) Encourager le Comité du Non à avoir un discours positif envers des francophones.

En plus d'avoir transmis les discours et les textes aux principaux tenants du Comité du Non, nous avons travaillé à fournir de l'information aux personnes responsables pour le contenu des discours des principaux portes-parole. Nous avons entre autres, aidé ces derniers à bien saisir l'impact des déclarations de madame Suzanne Tremblay sur la francophonie Canadienne.

De plus, nous avons également collaboré à assurer la reconnaissance de certains représentants des communautés francophones au grand rallye de St-Léonard. Nous avons eu un impact positif sur le discours des participants du Comité du Non. En plus des objectifs que nous nous étions fixés, nous sommes intervenus dans des activités qui n'étaient pas prévues au mandat initial. Nous sommes intervenus publiquement à l'extérieur du Québec et au Québec pour dénoncer les déclarations de madame Tremblay, monsieur Bernard Landry et autres. Nous avons fait une série d'entrevue pour la radio et la télévision au Québec. Nous avons également participé à une série télévisée pour dénoncer l'impact économique de la séparation sur l'Outaouais Québécois.

Nous avons aidé l'organisation du Comité du Non dans six circonscriptions fédérales de l'Outaouais pour recruter des bénévoles afin de faire du porte à porte dans cette région. Nous avons assureé la participation de plus de dix bénévoles.

KN Travel — Kuehne & Nagel Travel Inc. / Voyages Kuehne & Nagel Inc. / Offices across Canada / Bureaux à travers le Canada — **Voyages KN**

SALES PERSON: 04 ITINERARY/INVOICE NO. 0180149 DATE: 20 MAR 96
CUSTOMER NBR: 181531 TQXJOT PAGE: 01

TO: CANADA 2000
2055 PEEL ST
MONTREAL, QUEBEC
H3A 1V4

KN TRAVEL
706-151 SLATER ST
OTTAWA,ONT
K1P 5H3
TEL 613 238 7510

FOR: JOHNSON/DANIEL MR

17 APR 96 - WEDNESDAY
AIR CANADIAN AIRLINES FLT:969 ECONOMY DINNER
LV TORONTO ON 1700 EQP:AIRBUS A320
AR CALGARY INTL AB 1913 NON-STOP

18 APR 96 - THURSDAY
AIR CANADIAN AIRLINES FLT:679 ECONOMY
LV CALGARY INTL AB 1630 EQP:BOEING 737
AR VANCOUVER BC 1653 NON-STOP

22 APR 96 - MONDAY
AIR CANADIAN AIRLINES FLT:912 ECONOMY DINNER
LV VANCOUVER BC TERM:M 1240 EQP:AIRBUS A320
AR MONTREAL DORVAL 2015 NON-STOP

AIR TICKET	CP3831548701	JOHNSON DANIEL MR	1,303.65
		91.26 G.S.T.	91.26
		SUB TOTAL	1,303.65
		TOTAL G.S.T.	91.26
		TOTAL AMOUNT DUE	1,394.91

HAVE A NICE TRIP
PLEASE CHECK IN 1 HOUR PRIOR TO FLIGHT TIME
...CLIENTS HOLDING KN BOARDING PASSES MUST ADVISE
AGENT AT BOARDING GATE THAT YOU ARE PRESENT AND
ACCOUNTED FOR AT LEAST 15 MIN. PRIOR TO DEPARTURE...

KN TRAVEL INC.
706-151 SLATER ST.
OTTAWA, ONT. K1P 5H3
U1-LAST CHANGED-20MAR96 NORMAL FARE-2114 Z
U2-OFFERED FARE-1394//PENALTY-Y 075CAD

OK

#5590

We are acting as agents only and do not accept liability for actions, errors or omissions on the part of the carriers or third parties who are governed by their respective rules, regulations and conditions. **Please refer to important information printed on the back of this itinerary / invoice.** G.S.T.# R 102891017

Nous agissons uniquement en tant qu'agent et ne sommes responsables pour aucune action, erreur ou omission de la part de transporteurs ou de tiers qui sont régis par leurs propres règles, règlements et conditions. **Veuillez consulter les importantes informations marquées au verso de cet itinéraire / cette facture.** N° T.P.S. R 102891017

ŝteau Vaudreuil
SUITES HOTEL

Château Vaudreuil
21700 Transcanadienne
Vaudreuil, Québec J7V 8P3
514/455-0955
Fax; (514) 455-6617

NUMÉRO ENREGISTREMENT TPS
GST REGISTRATION NUMBER #R-132170887

NUMÉRO ENREGISTREMENT TVQ
PST REGISTRATION NUMBER #1012395961RS000

)PTION CANADA REUNION
:055 PEEL BUR 475
ᴍTL QC H3A 1V4

(545845-414a54)

12NOV95 Folio (1)
DATE DU RELEVÉ/STATEMENT DATE
08120 (08:27/15:21)
NUMÉRO DU FOLIO/FOLIO NUMBER
#TAXE TPS: R132170887 TVQ: 1012395961

)718

DATE	REFERENCE	DESCRIPTION	FRAIS CHARGES	CREDIT
)5-11-11	0718 fp	CC LES CHENAUX 4611	14.76	
)5-11-11	0718 fp	CB LES BANQUETS 4652	273.50	
)5-11-11	0718 fp	CB LES BANQUETS 4708	1446.12	
)5-11-11	0718 fp	CT ILE AUX TOURTES 4851	3707.46	
)5-11-12	0718	TD TRANSFERT DEBIT FROM #724	395.37	
)5-11-12	0718 fp	CB LES BANQUETS 5158	347.80	
)5-11-12	0718	DI DINERS CLUB		6185.01

Arriv.: 11NOV95
Depart: 12NOV95

Payé sur carte de crédit de Jocelyn Lessard #1410 C/R #5795

agree that my liability for this bill is not waived and agree to
e held personally liable in the event that the indicated persons,
ompany, or association fail to pay for any part of the full
nount of these charges, and I shall be responsible for any
ss or damage to the premises or its contents.

BALANCE
0.00

CONCLUSION

Je me souviens !

« S'il s'avère que le Comité pour le NON ne s'est pas conformé à la loi, ça deviendra une question très sérieuse, l'objet d'un scandale », nous a déclaré Pierre-F. Côté lorsque nous lui avons montré les documents comptables contenus dans la boîte d'Option Canada. « Si ces choses s'avèrent vraies, je me demande s'il n'y a pas lieu d'établir une commission d'enquête publique pour éviter qu'elles ne se reproduisent. Il faut tout faire pour faire respecter la loi québécoise, territorialement et extra-territorialement. »

Au moment où les gens parlent de clarté, les propos de celui qui a dirigé les trois référendums tenus au Québec, soit en 1980, en 1992 et en 1995, sont on ne peut plus clairs.

Au bout de notre enquête, nous arrivons à la conclusion que la seule façon de faire toute la lumière sur les agissements des tenants du NON lors du référendum de 1995 est d'établir une commission d'enquête publique québécoise. Le directeur général des élections possède tous les pouvoirs pour le faire. Par conséquent, nous le lui demandons formellement, et le plus rapidement possible. Pour faciliter la tâche, nous fournirons une copie de tous les documents obtenus au directeur général des élections.

À ce sujet, il est très important que la commission d'enquête soit instituée par le Québec et non pas par le Canada, car il s'agit d'abord et avant tout du droit du peuple québécois de déterminer librement et démocratiquement son statut politique. Si l'enquête était laissée à Ottawa, elle risquerait de connaître le même sort que la Commission Gomery, qui, malgré le succès qu'elle a eu à déterrer des histoires sordides et extrêmement troublantes concernant surtout le Parti libéral du Canada, demeure une opération destinée à camoufler le fond du scandale appelé pudiquement « des commandites ». L'aspect le plus scandaleux de cette histoire, qui ressort à peine, se trouve dans la tentative par l'État canadien d'effacer une identité et de tuer une idée, celle de l'indépendance du Québec, en injectant secrètement des centaines de millions de dollars d'argent public. Comme le dit si bien le politicologue Édouard Cloutier, c'est comme un viol où la personne violée n'a même pas droit de parole et qu'au lieu de parler du viol même, on se demande si untel ou untel a payé ou non son automobile, sa bière et sa maison.

Il ressort également de notre enquête que le montant de 5,2 M$ d'argent public du ministère du Patrimoine canadien destiné à l'appui à la dualité linguistique canadienne a été détourné à des fins partisanes en 1995. Nous demandons donc à la vérificatrice générale du Canada d'enquêter sur ce détournement de fonds publics ayant pour but de violer la *Loi sur la consultation populaire* du Québec et de faire gagner le NON au référendum. Car il semble que, outre les 8 M$ de Chuck Guité pour l'achat de tous les panneaux publicitaires du Québec, Option Canada avec ses 5,2 M$ représentait la pièce maîtresse de la stratégie du gouvernement du Canada visant à contourner les lois du Québec et à empêcher le peuple québécois de voter OUI.

Nous tenons aussi à souligner que, malgré ses vastes moyens d'enquête, Radio-Canada n'a pas daigné mentionner Option Canada dans les émissions de télévision *Point de Rupture* qui ont marqué le 10e anniversaire du référendum. Au plus, dans le livre d'accompagnement rédigé par Mario Cardinal, on trouve une seule mention et une note à la fin du livre qui dit ceci : « Pendant 30 ans, le Conseil pour l'unité canadienne a opéré sous l'étiquette d'« organisme de charité », mais en 1995, les deux ministres fédéral et québécois du Revenu ont mis fin aux privilèges rattachés à cette appellation dans le cas des activités d'Option Canada qui aurait, selon certaines informations (*Le Devoir*, 15 novembre 2004), dépensé 4,8 millions de dollars au service de l'unité canadienne pendant la campagne préréférendaire[42].» Cette omission par Radio-Canada, choix éditorial plus que suspect pour une grande émission d'affaires publiques, est une preuve éclatante que *Point de Rupture* appartient à ce genre d'émissions de propagande que cette société d'État a produites dans la foulée du référendum de 1995 telles les *Minutes du patrimoine*, *Le Canada du millénaire* et *Le Canada: une histoire populaire*.

Depuis la parution du livre *Le référendum volé*, certains tentent de banaliser le vol du référendum de 1995 par les tenants du NON en disant qu'il y avait des malversations des deux côtés. L'allusion vise les bulletins rejetés dans quelques comtés de la région montréalaise. En fait, il n'y a aucune commune mesure entre les deux cas. Les bulletins rejetés concernent des gestes répréhensibles d'un groupe d'individus qui voulaient empêcher certaines personnes d'exercer librement leur droit de vote. Les enquêtes détaillées à ce sujet sont sans équivoque: il n'y aucune raison de croire qu'il y a eu complot national en ce sens[43]. Or, dans le cas d'Option Canada, nous voyons que l'État canadien a injecté de l'argent public afin de fausser sciemment le jeu démocratique en faveur d'une option politique. Les tentatives de dresser un parallèle entre des gestes posés par des individus et ceux d'un État relèvent du sophisme et de l'indécence.

Les documents d'Option Canada soulèvent de sérieuses questions et interpellent plusieurs personnes. Au nom de la démocratie et du respect des droits, ils se doivent de fournir des réponses. Ils ne peuvent continuer à garder le silence. Parmi ces personnes:

- les dirigeants d'Option Canada, dont Claude Dauphin, Jocelyn Beaudoin, René Lemaire, Michel Vennat et Michel G. Hudon;
- les dirigeants du Comité des Québécoises et des Québécois pour le NON, dont son chef Daniel Johnson, sa vice-présidente Liza Frulla, l'actuel premier ministre du Québec Jean Charest qui représentait le Parti conservateur au sein du Comité pour le NON, la ministre fédérale Lucienne Robillard qui représentait le Parti libéral du Canada et l'agente officielle Nathalie Bernier;

---

42. Mario Cardinal, *Point de Rupture, Québec/Canada, Le référendum de 1995*, Radio-Canada Télévision et Bayard, 2005, p. 416, note 13.

43. *Bulletins rejetés — Marche pour l'unité, Rapport du Directeur général des élections*, Référendum du 30 octobre 1995, publié le 13 mai 1996.

- les dirigeants d'entreprises de communication qui ont facturé du travail à Option Canada pendant la période référendaire, dont Yves Gougoux et John Parisella de BCP.

Encore une fois, la meilleure façon de faire la lumière sur les activités secrètes d'Option Canada, d'éviter des procès d'intention et d'empêcher que d'autres tentent de refaire le coup lors d'un prochain référendum serait d'établir une commission d'enquête publique.

En attendant, qui dit averti, dit muni ! Nous espérons que ce livre, qui complète *Le référendum volé* publié en 2005 ainsi que les trois tomes du *Livre noir du Canada anglais*, donneront aux Québécoises et Québécois des outils qui permettront de veiller au respect de leur droit inaliénable de déterminer librement leur avenir politique, « le droit le plus fondamental que possède la collectivité québécoise » selon René Lévesque.

Annexes

chapitres 1 à 8

Dans les pages suivantes

- les lettres patentes d'Option Canada;
- une autre facture de Pierre S. Pettigrew pour de la rédaction;
- un extrait du grand livre d'Option Canada portant sur les sondages commandés;
- une série de huit factures de BCP;
- des copies de chèques payés à BCP par Option Canada;
- une autre facture de Productions Harvey Gagnon;
- des copies de chèques payés au Groupe Éverest;
- des copies de chèques payés à l'entreprise Médiacom;
- une facture à Option Canada du président Claude Dauphin suivie du chèque correspondant;
- des rapports de comptes de dépenses des députés libéraux Cristos Sirros et Jean-Marc Fournier.

Industry Canada Industrie Canada

Canada Corporations Act
Loi sur les corporations canadiennes

C A N A D A

LETTRES PATENTES

ATTENDU qu'une demande a été présentée en vue de constituer en corporation une corporation sous le nom de

OPTION CANADA

PAR CONSEQUENT le ministre de l'Industrie en vertu des pouvoirs qui lui sont conférés par la Loi sur les corporations canadiennes constitue les requérants et toutes autres personnes qui pourront devenir membres de la corporation, en corporation et corps politique, conformément aux dispositions de ladite Loi. Une copie de ladite demande est jointe aux présentes et en fait partie.

Date des Lettres Patentes - le 7 septembre 1995

DONNEES sous le sceau d'office du ministre de l'Industrie.

pour le ministre de l'Industrie

ENREGISTREES le 11 septembre 1995

Film 703 Document 161

Sous-registraire général du Canada

Canada

18 AVR 1995

Pierre S. Pettigrew
Expert-conseil
Affaires internationales et commerce mondial
1062 ave. Bernard, suite 22
Outremont (Québec)
H2V 1V2

Le 1er avril 1995

Monsieur Jocelyn Beaudoin
Vice-président exécutif
Conseil de l'Unité canadienne
800 McGill Collège
suite 2811
Montréal (Québec)
H3A 3J6

Services professionnels

Honoraires professionnels de M. Pierre S. Pettigrew, pour ses services de Recherche, rédaction et conseil stratégique, pour la période du 1er mars au 1er avril 1995.

	8 000.00 $
TPS 7% (no. R140392283)	560.00 $
	8 560.00 $
TVQ 6.5% (no. 1008013485)	556.40 $
	9 116.40 $

5604 LD

Option Canada
Grand livre du 95/09/01 au 95/11/24

				Débits	Crédits	Solde
5840 Sondages						0.00 Dt
95/09/15	Créatec +	95-B	J158	36,000.00	-	36,000.00 Dt
95/09/15	Créatec	JG09/95	J165	36,000.00	-	72,000.00 Dt
95/09/22	Créatec +	95/099	J297	15,000.00	-	87,000.00 Dt
95/09/30	Le Conseil pour l'Unité Cana...	3370	J486	15,200.00	-	102,200.00 Dt
95/09/30	Le Conseil pour l'Unité Cana...	95/101	J487	39,000.00	-	141,200.00 Dt
95/09/30	Créatec +	95/101c	J614	-	39,000.00	102,200.00 Dt
95/09/30	Le Conseil pour l'Unité Cana...	95/101d	J615	39,000.00	-	141,200.00 Dt
95/09/30	Créatec +	95/101e	J616	39,000.00	-	180,200.00 Dt
95/09/30	Créatec +	95-Bb	J617	-	36,000.00	144,200.00 Dt
95/09/30	Le Conseil pour l'Unité Cana...	C95/B	J618	36,000.00	-	180,200.00 Dt
95/09/30	Créatec +	95-099C	J621	-	15,000.00	165,200.00 Dt
95/09/30	Le Conseil pour l'Unité Cana...	C95-099	J622	15,000.00	-	180,200.00 Dt
95/10/12	Le Conseil pour l'Unité Cana...	Cro3287	J726	14,900.00	-	195,100.00 Dt
95/09/29	Le Conseil pour l'Unité Cana...	Env3378	J727	82,500.00	-	277,600.00 Dt
95/10/18	Créatec +	95/118	J886	39,000.00	-	316,600.00 Dt
95/10/25	Créatec +	95/114	J948	12,000.00	-	328,600.00 Dt
95/11/10	Créatec +	95-124	J1127	74,000.00	-	402,600.00 Dt
95/11/10	Le Conseil pour l'Unité Cana...	Cro3322	J1156	37,000.00	-	439,600.00 Dt
				529,600.00	90,000.00	

BCP

413, rue Saint-Jacques, 9e étage, Montréal (Québec) Canada H2Y 1N9

FACTURE
INVOICE

PRODUCTION

CLIENT: 3700/CF

À / *TO*: OPTION CANADA
2055, RUE PEEL
BUREAU 475
MONTREAL QC H3A 1V4

PRODUIT: / *PRODUCT*: CAMPAGNE REFERENDAIRE

CAMPAGNE: / *CAMPAIGN*:

Nº DE FACTURE: / *INVOICE NO*: 60757

A/S : RENE LEMAIRE

DATE DE FACTURATION: / *INVOICE DATE*: 31 OCT 95

Page : 1

DOSSIER : REF95303G

PRODUCTION / TELEVISION	MONTANT / *AMOUNT*
CONCEPTION, COORDINATION, PRODUCTION D'UN MESSAGE TELE 30 SEC. (F) INTITULE "LE LENDEMAIN" INCLUANT MAISON DE PRODUCTION, CACHETS, MONTAGE ET DISTRIBUTION (CE MESSAGE N'A PAS ETE DIFFUSE)	16,995.00
** PAYABLE SUR RECEPTION **	
TOTAL PARTIEL	16,995.00
TPS # enreg. 103035903 RT sur 16,995.00	1,189.65
TVQ # enreg. 1002275682 sur 18,184.65	1,182.00
FACTURE TOTALE / *INVOICE TOTAL*	19,366.65

#5753

VÉRIFIÉ

Prière de faire parvenir votre chèque à l'ordre de / *Please make your remittance to*:
LE GROUPE BCP LTÉE, 413, rue Saint-Jacques, 9e étage, Montréal (Québec) Canada H2Y 1N9

CLIENT

BCP

413, rue Saint-Jacques, 9e étage, Montréal (Québec) Canada H2Y 1N9

FACTURE
INVOICE

PRODUCTION

CLIENT: 3700/GE

PRODUIT: / PRODUCT: GENERAL

CAMPAGNE: / CAMPAIGN:

À/TO OPTION CANADA
2055 RUE PEEL
BUREAU 475
MONTREAL QC H3A 1V4

N° DE FACTURE: / INVOICE NO.: 61163

A/S: RENE LEMAIRE

DATE DE FACTURATION: / INVOICE DATE: 31 OCT 95

Page : 1

DOSSIER : REF95100

DATE D'ECH: 31 OCT 95

PRODUCTION / POCHETTES DE PRESSE	MONTANT / AMOUNT
D E S C R I P T I O N	
PRODUCTION ET ASSEMBLAGE A LA MAIN DE 100 POCHETTES DE PRESSE INCLUANT EPREUVES NUMERIQUES COULEUR	990.00
Total partiel	990.00
TPS # enreg. 103035903 RT sur 990.00	69.30
TVQ # enreg. 1002275682 sur 1,059.30	68.85

#5753

VÉRIFIÉ

	FACTURE TOTALE / INVOICE TOTAL	1,128.15

de faire parvenir votre chèque à l'ordre de / *Please make your remittance to:*
DUPE BCP LTÉE, 413, rue Saint-Jacques, 9e étage, Montréal (Québec) Canada H2Y 1N9

CLIENT

BCP

413, rue Saint-Jacques, 9e étage, Montréal (Québec) Canada H2Y 1N9

FACTURE
INVOICE

PRODUCTION

CLIENT: 3700/CF

A/TO: OPTION CANADA
2055, RUE PEEL
BUREAU 475
MONTREAL QC H3A 1V4

PRODUIT: / PRODUCT: CAMPAGNE REFERENDAIRE

CAMPAGNE: / CAMPAIGN:

N° DE FACTURE: / INVOICE NO: 60281

A/S : RENE LEMAIRE

DATE DE FACTURATION: / INVOICE DATE: 04 OCT 95

Page : 1

DOSSIER : REF95104A

DATE D'ECH: 04 OCT 95

PANNEAU-RECLAME - PHASE 1	MONTANT / *AMOUNT*
(HORIZONTAL)	
PRODUCTION / AFFICHAGE	2,040.00
FRAIS SUPPLEMENTAIRES ENCOURUS POUR ENLEVER ET RE-AFFICHER SUITE A L'INTERDICTION D'ANNONCER DURANT LE SEMAINE SUIVANT L'EMISSION DES BREFS.	
TOTAL PARTIEL	2,040.00
TPS # enreg. 103035903 RT sur 2,040.00	142.80
TVQ # enreg. 1002275682 sur 2,182.80	141.88
FACTURE TOTALE / *INVOICE TOTAL*	2,324.68

Prière de faire parvenir votre chèque à l'ordre de / *Please make your remittance to:*
LE GROUPE BCP LTÉE, 413, rue Saint-Jacques, 9e étage, Montréal (Québec) Canada H2Y 1N9

CLIENT

FACTURE
INVOICE

BCP

413, rue Saint-Jacques, 9e étage, Montréal (Québec) Canada H2Y 1N9

OPTION CANADA
2055, RUE PEEL
BUREAU 475
MONTREAL
QUEBEC
H3A 1V4
ATTN: RENE LEMAIRE

PRODUIT/*PRODUCT* POUR LE NON /PRE-REFERENDAIRE

CAMPAGNE/*CAMPAIGN* RADIO 30 SEC. - VAGUE 1
3700/01/07 Rev. 0

No DE FACTURE/*INVOICE NO.* R7907

DATE DE FACTURATION/*INVOICE DATE* 31 OCT 95 Page : 2

due: 31 OCT 95

Marche/Station	Occ.	Mois			MONTANT *AMOUNT*
ESTRIE					
SHERBROOKE					
CHLTAM	14	OCT/95	700.00	700.00	
CIMOFM	14	OCT/95	910.00	910.00	
CITESH	14	OCT/95	1,400.00	1,400.00	
Total marche	42				3,010.00
Total pourESTRIE					3,010.00
TROIS-RIVIERES					
TROIS-RIVIERES					
CHEYFM	14	OCT/95	980.00	980.00	
CHLN	14	OCT/95	700.00	700.00	
CIGBFM	14	OCT/95	910.00	910.00	
Total marche	42				2,590.00
Total pourTROIS-RIVIERES					2,590.00

Suite

FACTURE TOTALE
INVOICE TOTAL

ère de faire parvenir votre chèque à l'ordre de:/ *Please make your remittance to:*
GROUPE BCP LTÉE, 413, rue Saint-Jacques, 9e étage, Montréal (Québec) Canada H2Y 1N9

CLIENT

BCP

413, rue Saint-Jacques, 9e étage, Montréal (Québec) Canada H2Y 1N9

FACTURE
INVOICE

Radio

À/ OPTION CANADA
2055, RUE PEEL
BUREAU 475
MONTREAL
QUEBEC
H3A 1V4

ATTN: RENE LEMAIRE

PRODUIT/*PRODUCT*: POUR LE NON /PRE-REFERENDAIRE

CAMPAGNE/*CAMPAIGN*: RADIO 30 SEC. - VAGUE 1
3700/01/07 Rev. 0

Nº DE FACTURE/*INVOICE NO.*: R7907

DATE DE FACTURATION/*INVOICE DATE*: 31 OCT 95 Page : 2

...e due: 31 OCT 95

Marche/Station	Occ.	Mois			MONTANT *AMOUNT*
ESTRIE					
SHERBROOKE					
CHLTAM	14	OCT/95	700.00	700.00	
CIMOFM	14	OCT/95	910.00	910.00	
CITESH	14	OCT/95	1,400.00	1,400.00	
Total marche	42				3,010.00
Total pourESTRIE					3,010.00
TROIS-RIVIERES					
TROIS-RIVIERES					
CHEYFM	14	OCT/95	980.00	980.00	
CHLN	14	OCT/95	700.00	700.00	
CIGBFM	14	OCT/95	910.00	910.00	
Total marche	42				2,590.00
Total pourTROIS-RIVIERES					2,590.00
Suite					

FACTURE TOTALE *INVOICE TOTAL*

Prière de faire parvenir votre chèque à l'ordre de / *Please make your remittance to:*
LE GROUPE BCP LTÉE, 413, rue Saint-Jacques, 9e étage, Montréal (Québec) Canada H2Y 1N9 CLIENT

BCP

413, rue Saint-Jacques, 9e étage, Montréal (Québec) Canada H2Y 1N9

FACTURE
INVOICE

PRODUCTION

CLIENT: 3700/CF

A/TO: OPTION CANADA
2055, RUE PEEL
BUREAU 475
MONTREAL QC H3A 1V4

PRODUIT: / PRODUCT: CAMPAGNE REFERENDAIRE

CAMPAGNE: / CAMPAIGN:

A/S : RENE LEMAIRE

DOSSIER : REF95111A

Nº DE FACTURE: / INVOICE NO: 60250

DATE DE FACTURATION: / INVOICE DATE: 03 OCT 95

Page : 1

DATE D'ECH: 03 OCT 95

AFFICHES - PHASE 1 (2" X 3")	MONTANT / *AMOUNT*
PRODUCTION / AFFICHES 1" X 2"	21,846.00
CONCEPTION, COORDINATION, PRODUCTION DE 15,000 EXEMPLAIRES EN 3 COULEURS SUR CORROPLAST.	
TOTAL PARTIEL	21,846.00
TPS # enreg. 103035903 RT sur 21,846.00	1,529.22
TVQ # enreg. 1002275682 sur 23,375.22	1,519.39
FACTURE TOTALE / *INVOICE TOTAL*	24,894.61

Prière de faire parvenir votre chèque à l'ordre de / *Please make your remittance to:*
LE GROUPE BCP LTÉE, 413, rue Saint-Jacques, 9e étage, Montréal (Québec) Canada H2Y 1N9

CLIENT

BCP

413, rue Saint-Jacques, 9e étage, Montréal (Québec) Canada H2Y 1N9

FACTURE
INVOICE

PRODUCTION

CLIENT: 3700/CF

À / TO: OPTION CANADA
2055, RUE PEEL
BUREAU 475
MONTREAL QC H3A 1V4

PRODUIT: / PRODUCT: CAMPAGNE REFERENDAIRE

CAMPAGNE: / CAMPAIGN:

N° DE FACTURE: / INVOICE NO: 60758

A/S : RENE LEMAIRE

DATE DE FACTURATION: / INVOICE DATE: 31 OCT 95

Page : 1

DOSSIER : REF95303H

PRODUCTION / TELEVISION	MONTANT / AMOUNT
CONCEPTION, COORDINATION, PRODUCTION D'UN MESSAGE-TELE ((DEMO)) DE 30 SEC. (F) POUR FINS DE RECHERCHE.	8,720.00
** PAYABLE SUR RECEPTION **	
TOTAL PARTIEL	8,720.00
TPS # enreg. 103035903 RT sur 8,720.00	610.40
TVQ # enreg. 1002275682 sur 9,330.40	606.47
FACTURE TOTALE / INVOICE TOTAL	9,936.87

#5753

VÉRIFIÉ

Prière de faire parvenir votre chèque à l'ordre de / *Please make your remittance to:*
LE GROUPE BCP LTÉE 413, rue Saint-Jacques, 9e étage, Montréal (Québec) Canada H2Y 1N9

BCP

413, rue Saint-Jacques, 9e étage, Montréal (Québec) Canada H2Y 1N9

FACTURE
INVOICE

PRODUCTION

CLIENT: 3700/CF

À/TO OPTION CANADA
2055, RUE PEEL
BUREAU 475
MONTREAL QC H3A 1V4

PRODUIT: / PRODUCT: CAMPAGNE REFERENDAIRE

CAMPAGNE: / CAMPAIGN:

N° DE FACTURE: / INVOICE NO: 60250

A/S : RENE LEMAIRE

DATE DE FACTURATION: / INVOICE DATE: 03 OCT 95

Page : 1

DOSSIER : REF95111A

DATE D'ECH: 03 OCT 95

AFFICHES - PHASE 1 (2" X 3")	MONTANT / AMOUNT
PRODUCTION / AFFICHES 1" X 2"	21,846.00
CONCEPTION, COORDINATION, PRODUCTION DE 15,000 EXEMPLAIRES EN 3 COULEURS SUR CORROPLAST.	
TOTAL PARTIEL	21,846.00
TPS # enreg. 103035903 RT sur 21,846.00	1,529.22
TVQ # enreg. 1002275682 sur 23,375.22	1,519.39
FACTURE TOTALE / *INVOICE TOTAL*	24,894.61

Prière de faire parvenir votre chèque à l'ordre de / *Please make your remittance to:*
LE GROUPE BCP LTÉE, 413, rue Saint-Jacques, 9e étage, Montréal (Québec) Canada H2Y 1N9

CLIENT

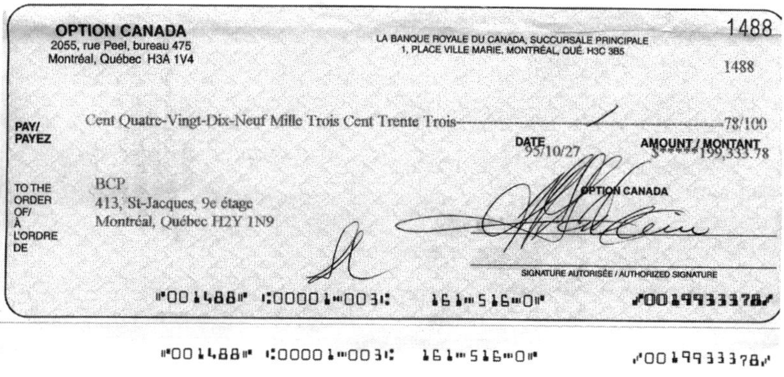

OPTION CANADA
2055, rue Peel, bureau 475
Montréal, Québec H3A 1V4

LA BANQUE ROYALE DU CANADA, SUCCURSALE PRINCIPALE
1, PLACE VILLE MARIE, MONTRÉAL, QUÉ. H3C 3B5

1488

1488

PAY/ PAYEZ Cent Quatre-Vingt-Dix-Neuf Mille Trois Cent Trente Trois------------78/100

DATE 95/10/27 AMOUNT / MONTANT $*****199,333.78

TO THE ORDER OF/ À L'ORDRE DE
BCP
413, St-Jacques, 9e étage
Montréal, Québec H2Y 1N9

OPTION CANADA

SIGNATURE AUTORISÉE / AUTHORIZED SIGNATURE

⑈001488⑈ ⑆00001⑉003⑆ 161⑉516⑉0⑈ ⑇0019933378⑇

⑈001488⑈ ⑆00001⑉003⑆ 161⑉516⑉0⑈ ⑇0019933378⑇

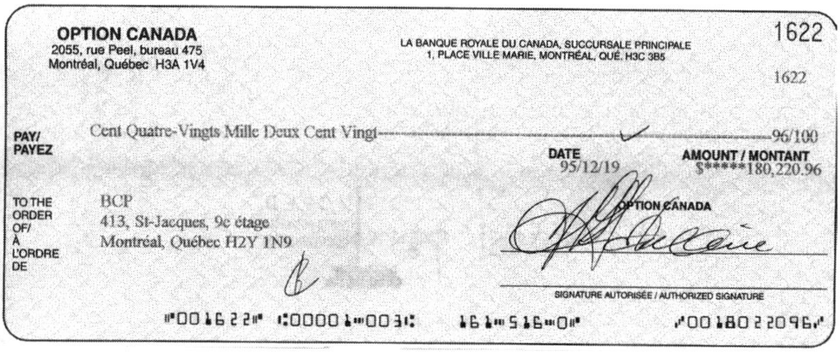

OPTION CANADA
2055, rue Peel, bureau 475
Montréal, Québec H3A 1V4

LA BANQUE ROYALE DU CANADA, SUCCURSALE PRINCIPALE
1, PLACE VILLE MARIE, MONTRÉAL, QUÉ. H3C 3B5

1622

1622

PAY/ PAYEZ Cent Quatre-Vingts Mille Deux Cent Vingt------------96/100

DATE 95/12/19 AMOUNT / MONTANT $*****180,220.96

TO THE ORDER OF/ À L'ORDRE DE
BCP
413, St-Jacques, 9e étage
Montréal, Québec H2Y 1N9

OPTION CANADA

SIGNATURE AUTORISÉE / AUTHORIZED SIGNATURE

⑈001622⑈ ⑆00001⑉003⑆ 161⑉516⑉0⑈ ⑇0018022096⑇

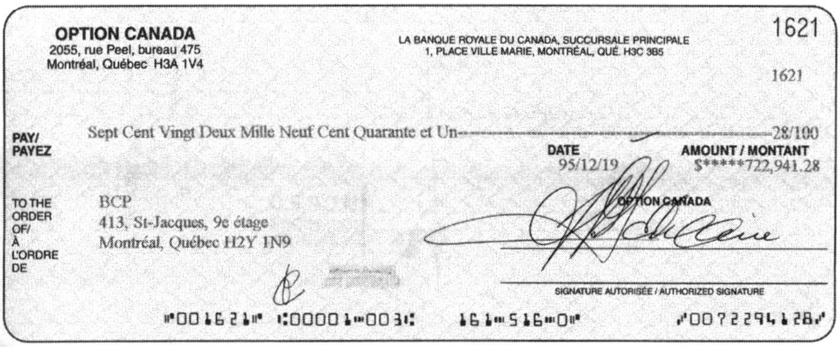

OPTION CANADA
2055, rue Peel, bureau 475
Montréal, Québec H3A 1V4

LA BANQUE ROYALE DU CANADA, SUCCURSALE PRINCIPALE
1, PLACE VILLE MARIE, MONTRÉAL, QUÉ. H3C 3B5

1621

1621

PAY/ PAYEZ Sept Cent Vingt Deux Mille Neuf Cent Quarante et Un------------28/100

DATE 95/12/19 AMOUNT / MONTANT $*****722,941.28

TO THE ORDER OF/ À L'ORDRE DE
BCP
413, St-Jacques, 9e étage
Montréal, Québec H2Y 1N9

OPTION CANADA

SIGNATURE AUTORISÉE / AUTHORIZED SIGNATURE

⑈001621⑈ ⑆00001⑉003⑆ 161⑉516⑉0⑈ ⑇0072294128⑇

PRODUCTIONS
Harvey Gagnon INC
VIDÉO FILM

1600, Notre-Dame Ouest
Bureau 206
Montréal, Qc, H3J 1M1

Tél.: (514) 846-5707
Fax: (514) 989-1294

FACTURE / INVOICE

VENDU À / SOLD TO

OPTION CANADA
2055, rue Peel
Suite 475
Montréal, Québec
H3A 1V4

Att.: René Lemaire

DATE: Le 27 octobre 1995

CODE CLIENT / CUSTOMER: OC100

COMMANDE NO ORDER NO	DESCRIPTION	QUANTITÉ QUANTITY	PRIX PRICE	MONTANT AMOUNT
	Materiel d'Archives			4150.00$

#5872

VÉRIFIÉ

FÉDÉRAL	*Lic. no* TPS#R114681281	*TAXABLE* *ou $* 4150.00$	7 %	290.50$
PROVINCIAL	*Lic. no* TVQ#1003567326	*TAXABLE* *ou $* 4440.50$	6.5 %	288.63$

3149

NET 30 JOURS - 2% frais d'adm. par mois sur comptes passés dû
NET 30 DAYS - 2% per month charges on outstanding account

TOTAL 4729.13$

OPTION CANADA
2055, rue Peel, bureau 475
Montréal, Québec H3A 1V4

LA BANQUE ROYALE DU CANADA, SUCCURSALE PRINCIPALE
1, PLACE VILLE MARIE, MONTRÉAL, QUÉ. H3C 3B5

1033

1033

PAY/ PAYEZ Six Mille Cinq Cent Cinquante Deux----------41/100

DATE 95/09/15 AMOUNT / MONTANT $*******6,552.41

TO THE ORDER OF/ À L'ORDRE DE
Groupe Everest Conseils en Marketing
81, rue Sherbrooke O.
Montréal, Québec H2X 1X2

OPTION CANADA

SIGNATURE AUTORISÉE / AUTHORIZED SIGNATURE

⑈001033⑈ ⑆00001⑉003⑆ 161⑉516⑉0⑈ 36 ⑈0000655241⑈

OPTION CANADA
2055, rue Peel, bureau 475
Montréal, Québec H3A 1V4

LA BANQUE ROYALE DU CANADA, SUCCURSALE PRINCIPALE
1, PLACE VILLE MARIE, MONTRÉAL, QUÉ. H3C 3B5

1108

1108

PAY/ PAYEZ Cinquante Huit Mille Sept Cent Quatre-Vingt-Quinze----------10/100

DATE 95/09/15 AMOUNT / MONTANT $*****58,795.10

TO THE ORDER OF/ À L'ORDRE DE
Groupe Everest Conseils en Marketin
81, rue Sherbrooke O.
Montréal, Québec H2X 1X2

OPTION CANADA

SIGNATURE AUTORISÉE / AUTHORIZED SIGNATURE

⑈001108⑈ ⑆00001⑉003⑆ 161⑉516⑉0⑈ 38 ⑈0005879510⑈

OPTION CANADA
2055, rue Peel, bureau 475
Montréal, Québec H3A 1V4

LA BANQUE ROYALE DU CANADA, SUCCURSALE PRINCIPALE
1, PLACE VILLE MARIE, MONTRÉAL, QUÉ. H3C 3B5

1466

1466

PAY/ PAYEZ Vingt Quatre Mille Six Cent Huit----------58/100

DATE 95/10/26 AMOUNT / MONTANT $*****24,608.58

TO THE ORDER OF/ À L'ORDRE DE
Groupe Everest Conseils en Marketin
81, rue Sherbrooke O.
Montréal, Québec H2X 1X2

OPTION CANADA

SIGNATURE AUTORISÉE / AUTHORIZED SIGNATURE

⑈001466⑈ ⑆00001⑉003⑆ 161⑉516⑉0⑈ ⑈0002460858⑈

OPTION CANADA
2055, rue Peel, bureau 475
Montréal, Québec H3A 1V4

LA BANQUE ROYALE DU CANADA, SUCCURSALE PRINCIPALE
1, PLACE VILLE MARIE, MONTRÉAL, QUÉ. H3C 3B5

1473

1473

PAY/ PAYEZ Sept Mille Quatre Cent Dix-Huit------47/100

DATE 95/10/26 AMOUNT / MONTANT $*******7,418.47

TO THE ORDER OF/ À L'ORDRE DE
Mediacom Inc.
2200, rue Bennett
Montréal, Québec H1V 2T5

OPTION CANADA

SIGNATURE AUTORISÉE / AUTHORIZED SIGNATURE

⑈001473⑈ ⑆00001⑉003⑆ 161⑉516⑉0⑈ 316 ⑈0000741847⑈

OPTION CANADA
2055, rue Peel, bureau 475
Montréal, Québec H3A 1V4

LA BANQUE ROYALE DU CANADA, SUCCURSALE PRINCIPALE
1, PLACE VILLE MARIE, MONTRÉAL, QUÉ. H3C 3B5

1635

1635

PAY/ PAYEZ Huit Mille Neuf Cent Quatre-Vingt Deux------53/100

DATE 95/12/19 AMOUNT / MONTANT $*******8,982.53

TO THE ORDER OF/ À L'ORDRE DE
Mediacom Inc.
2200, rue Bennett
Montréal, Québec H1V 2T5

OPTION CANADA

SIGNATURE AUTORISÉE / AUTHORIZED SIGNATURE

⑈001635⑈ ⑆00001⑉003⑆ 161⑉516⑉0⑈ ⑈0000898253⑈

Me. Claude Dauphin

FACTURE

le 22 septembre, 1995

Option Canada
2055 rue Peel
Suite 475
Montréal, Québec, H3A 1V4
(514) 843-4196
Fax: 843-4590

Attention: J. René Lemaire

Pour honoraires professionnels:

du 11 septembre au 22 septembre, 1995		$ 2 812,50
R140267758	T.P.S. (7%)	$ 196,88
1017555541TQ0001	T.V.Q. (6.5%)	$ 195,61
	Total:	$ 3 204,99

#5604

VÉRIFIÉ

3650 Boul. St-Joseph, Lachine, Québec, H8T 1P8 Tel: (514) 634-9302

OPTION CANADA
2055, rue Peel, bureau 475
Montréal, Québec H3A 1V4

LA BANQUE ROYALE DU CANADA, SUCCURSALE PRINCIPALE
1, PLACE VILLE MARIE, MONTRÉAL, QUÉ. H3C 3B5

1616

1616

PAY/ PAYEZ Six Cent Quatre-Vingts--06/100

DATE 95/12/14 AMOUNT / MONTANT $*********680.06

TO THE ORDER OF/ À L'ORDRE DE
Dauphin, Me Claude
3650 boul. Saint-Joseph
Lachine, Québec H8T 1P8

OPTION CANADA

SIGNATURE AUTORISÉE / AUTHORIZED SIGNATURE

001616 00001 003 161 516 0 36 0000068006

OPTION CANADA
2055, rue Peel, bureau 475
Montréal, Québec H3A 1V4

LA BANQUE ROYALE DU CANADA, SUCCURSALE PRINCIPALE
1, PLACE VILLE MARIE, MONTRÉAL, QUÉ. H3C 3B5

1408

1408

PAY/ PAYEZ Trois Mille Deux Cent Quatre--99/100

DATE 95/10/17 AMOUNT / MONTANT $*******3,204.99

TO THE ORDER OF/ À L'ORDRE DE
Dauphin, Me Claude
3650 boul. Saint-Joseph
Lachine, Québec H8T 1P8

OPTION CANADA

SIGNATURE AUTORISÉE / AUTHORIZED SIGNATURE

001408 00001 003 161 516 0 36 0000320499

OPTION CANADA **COMPTE DE DÉPENSES/ EXPENSE ACCOUNT** **97-02-19**

NAME/NOM: CHRISTOS SIRROS

PROGRAMME/ PROGRAMME: HO/SS ( ) EXP. CAN ( ) CRIC ( ) EwC/RduC ( )

DATE	DETAILS OF EXPENSES / DÉTAILS DES DÉPENSES	HOTEL / HÔTEL	TRAVEL / TRANSPORT	MEALS / REPAS	OTHER / AUTRES
02-févr-97	TAXI		5,00 $		
04-févr-97	TAXI		37,00 $		
04-févr-97	TAXI		5,00 $		
04-févr-97	RESTAURANT			100,14 $	
05-févr-97	TAXI		12,00 $		
05-févr-97	RESTAURANT			6,16 $	
05-févr-97	TAXI		37,00 $		
05-févr-97	RESTAURANT			16,57 $	
06-févr-97	RESTAURANT			106,93 $	
06-févr-97	LOCATION D'AUTO		35,41 $		
06-févr-97	LOCATION D'AUTO		164,44 $		
07-févr-97	STATIONNEMENT				38,00 $
	SOUS-TOTAL/SUB-TOTAL		295,85 $	229,80 $	38,00 $
	GST/TPS				
	PST/TVP				
	TOTAUX/TOTAL		295,85 $	229,80 $	38,00 $
	GRAND TOTAL				563,65 $

SIGNATURE: ______ APPROVED BY/ APPROUVÉ PAR: ______

DATE: ______

A L'USAGE DU BUREAU/FOR ADMINISTRATIVE USE

PROJET: ______ PROGRAMME #: ______ EXPENSE: ______ NO. CHEQUE: ______

Page 1 de 1

OPTION CANADA **COMPTE DE DÉPENSES/ EXPENSE ACCOUNT** **97-02-19**

NAME/NOM: JEAN-MARC FOURNIER

PROGRAMME/ PROGRAMME: HO/SS ( ) EXP. CAN ( ) CRIC ( ) EwC/RduC ( )

DATE	DETAILS OF EXPENSES / DÉTAILS DES DÉPENSES	HOTEL / HÔTEL	TRAVEL / TRANSPORT	MEALS / REPAS	OTHER / AUTRES
04-févr-97	HOTEL HALIFAX			21,24 $	
04-févr-97	HOTEL HALIFAX	107,58 $			
04-févr-97	STATIONNEMENT				38,00 $
06-févr-97	HOTEL LORD BEAVERBROOK	89,97 $			
06-févr-97	THE PRINCE EDWARD HOTEL	106,54 $			
	SOUS-TOTAL/SUB-TOTAL	304,09 $		21,24 $	38,00 $
	GST/TPS	17,08 $			
	PST/TVP	27,71 $			
	TOTAUX/TOTAL	348,88 $		21,24 $	38,00 $
	GRAND TOTAL				408,12 $

SIGNATURE: ______ APPROVED BY/ APPROUVÉ PAR: ______

DATE: ______

A L'USAGE DU BUREAU/FOR ADMINISTRATIVE USE

PROJET: ______ PROGRAMME #: ______ EXPENSE: ______ NO. CHEQUE: ______

Page 1 de 1

Table des matières

transcontinental
IMPRESSION
IMPRIMERIE GAGNÉ